978-1-62265-918-0 (online) 978-1-62265-919-7 (paper)
STILL LIFE by Hongchuan Zhang

# Still Life

# 静物集

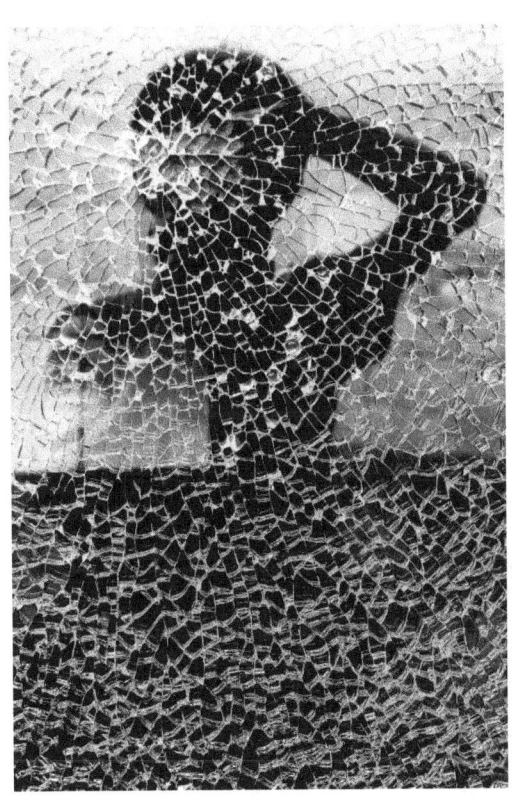

张宏川

Hongchuan Zhang

978-1-62265-918-0 (online) 978-1-62265-919-7 (paper)
STILL LIFE by Hongchuan Zhang

978-1-62265-918-0 (online) 978-1-62265-919-7 (paper)
STILL LIFE by Hongchuan Zhang

## 个人简历

张宏川，1989 年 8 月 27 日出生于中国安徽，毕业于四川美术学院图片摄影专业，获学士学位。目前为国内一家知名企业的杂志编辑、记者。
作品《八棉新村》入选侯登科纪实摄影奖。
作品《小美院系列》获得上海现代摄影网最佳作品奖。
作品《Still Life》作品曾被凤凰艺术网、搜狐网、人民艺术网等网站转载。

## 联系方式

电子邮箱：122058763@qq.com
个人作品网站：http://122058763.lofter.com/

## About the author

Hongchuan Zhang was born in Anhui Province of China on August 27th 1989. He obtained his bachelor degree from the Sichuan Academy of Arts, majoring in photography. He is now working as a journalist and editor in a top firm in China. His artworks have won several awards in China and the images shown in this book have been widely distributed in the leading arts websites including Phoenix, Sohu and People's arts network

## Contact information

Personal email address: 122058763@qq.com
Artworks of the author: http://122058763.lofter.com/

978-1-62265-918-0 (online) 978-1-62265-919-7 (paper)
STILL LIFE by Hongchuan Zhang

# 前言

　　静物，顾名思义，它是相对于运动之物的现实运动状态，物之于物，是外部作用;物之于人，则是内心活动的体现。

　　现实生活中的物，有实用物和非实用物两种。实用物与非实用物其实是人类在对待物时的理性对待方式。

　　静物是人的情感变化从理性过度到感性的一种存在于人身边的情感化的生活必需品，人类可以随意将它转化为实用物和非实用物。从尼埃普斯拍摄的第一张物影照片到现在艺术家表现心里之物的创作历程中，不难发现，创作者的探索之心是将身边之物视为如同自己灵魂的一部分，把精神与情感寄托于物，使之灵物化，再通过媒介和不同的表现手法，使物相显现。

　　在中国，水墨画中也不乏表现静物之灵气的创作，如南宋福建国画家郑思肖画兰，喜画那没有根土的兰。他自由挥洒，画一棵简洁又孤傲的兰，用来表明自己誓与北人不同流合污的立场和决心。他的存世国画作品《墨兰图》上题有诗："向来俯首问羲皇，汝是何人到此乡，未有画前开鼻孔，满天浮动古馨香。"可以想象，在国家风雨飘摇的时候，在国破家亡、山河不在、物是人非的时候，诗人的满腔愤恨与无奈，该是一种怎样的欲哭还休、欲笑不得的心酸。 有着文人气节的中国画家更注重写意，个人情趣的表达和借景抒情。水墨画在早期就脱离了形的束缚，使作者的心意能映射到静物上。

　　摄影术始于 18 世纪末，暗箱的发明，之后通过将物体定格在通过感光材料上的影像使得人类在传播文化起到了飞跃的作用，这项技术伴随着工业革命，并给人类带来了巨大的发展和创作上的自由。摄影术的发展也改变了一些传统艺术形式。首先受到鼓动和冲击的是一些肖像画家，还有地质学家，科学家，社会学家。

　　摄影术的传播，促进了人类社会发展的进程，从刚开始的批评家对其冷嘲热讽，到承认它作为一种艺术创作的媒介频繁出现在公众的视野，摄影，已经伴随着人类走过了 170 多个年头。它的出现，让我们看得更远，更真切。

　　在我看来，这组«Still　Life»作品已无须赘言，只需抽出一个午后，准备一杯咖啡，一个安静的角落，静静地享受着独处和摄影带给我们的美好!

张宏川

978-1-62265-918-0 (online) 978-1-62265-919-7 (paper)
STILL LIFE by Hongchuan Zhang

# 作品《Still Life》阐述

摄影基于我，是生活的经历，是对周围一切的感悟，是我生命走过的印迹。

随着摄影在越来越多的领域中被广泛的运用，它的身份也像明星一样闪耀和发光，多种角色的变换，纪实、人文、档案、行为、装置、艺术、观念等等，诸如此类。它被冠以各种身份的同时，并没有减弱它自身的价值。当然，玩单反也是资本主义的象征，在中国就是小康社会。

挖掘心灵深处的影像是一件非常有趣的事，至少我是这么认为的。从创作阶段来讲，回归内心是我必须要面对的事。无论我的心灵是美、是丑、是快乐，还是悲伤，都需要被表达出来，因为这本身就是一种坦诚，一种自信的流露。

作品《静物集》涵盖了我从学习摄影，掌握它，到随心地去创作，对我自身而言，具有"温故而知新"的纪念意义。

创作内容从我拍摄的静物开始，再到观察、并发现身边的事物。从影像中，不难发现我喜欢拍摄静物，我自己也不知道为什么，这可能跟一个人的性格有关吧。

像爱德华·威斯顿，安德烈·科特兹都是影响我非常伟大的艺术家。一位是F64小组成员，直接摄影的代表者，另一位则是影响了整个20世纪摄影历史走向的非凡人物。他们的作品都对我的创作产生了非常大的影响，对我的摄影观、人生观也都影响非常大。

从身边能接触到的事物出发，这是我对摄影的一个态度，也是一直在贯彻进行中。当然我也会有时候想换个地方，找找感觉，这都源于自身要解决的问题，与创作有着密切的关系。

这组《 Still Life 》静物作品不单单是一个个看似无生物的物品，相反，它们都是我的内心情感真实的写照。从初入社会到现在，我经历了从一个梦想家到一个理想家的过程。生活中，不断涌现的物品和回忆，充斥着我的未来和我的梦。在影像中，我将这些陪伴在我身边的"物是人非"的物品记录下来，填补时间的空白和逝去的曾经。

创作内容取自最普通的物品，着重在表现上力求新意。每副作品我利用最简洁的黑色背景传达出一种空灵、一种心境，一种抽身于事物之外的超脱境界。

希望大家能感受到心底的那份纯净和美好！

张宏川

978-1-62265-918-0 (online) 978-1-62265-919-7 (paper)
STILL LIFE by Hongchuan Zhang

## 爱人赠言

他是我生命中最亲近的人，这本书从最初的想法到最终形成我都陪在他身边。有时不禁在想也许这是我做的最有意义的事。

这本书中的大部分作品作者并没有刻意去追求，更多的是某一刻的心动就拍了下来。这些最普通的素材在作者的镜头下充满了生命力。我是不懂摄影的，对于照片只能用喜欢和不喜欢来评价。当我看到这本书，每幅作品都像生活中的一个场景，真美、好喜欢！

除了摄影，他还喜欢书法和国画。偶尔一杯酒、一杯咖啡，还能形成不错的作品哦。

平时生活中，他简直就是个阳光帅气的大男孩，可你千万不要被他的外表所迷惑。因为他其实就是个俗人。挤包就能让他获得成就感；坐在一群人中间放个屁然后狂笑着离开；天气阴了，他就会撒娇说："今晚不想洗澡了"。

作者今年 27 岁，对于摄影从接触、学习到从事已经快 10 年的时间。可怜的他还被他老爸打击说"一般成为艺术家都是 70 岁以后的事，到时候都不能动了。"他仍然底气十足地回答"不试试怎么知道！"

张丽丽

978-1-62265-918-0 (online) 978-1-62265-919-7 (paper)
STILL LIFE by Hongchuan Zhang

# Contents

978-1-62265-918-0 (online) 978-1-62265-919-7 (paper)

978-1-62265-918-0 (online) 978-1-62265-919-7 (paper)
STILL LIFE by Hongchuan Zhang

978-1-62265-918-0 (online) 978-1-62265-919-7 (paper)
STILL LIFE by Hongchuan Zhang

978-1-62265-918-0 (online) 978-1-62265-919-7 (paper)
STILL LIFE by Hongchuan Zhang

# 水晶球

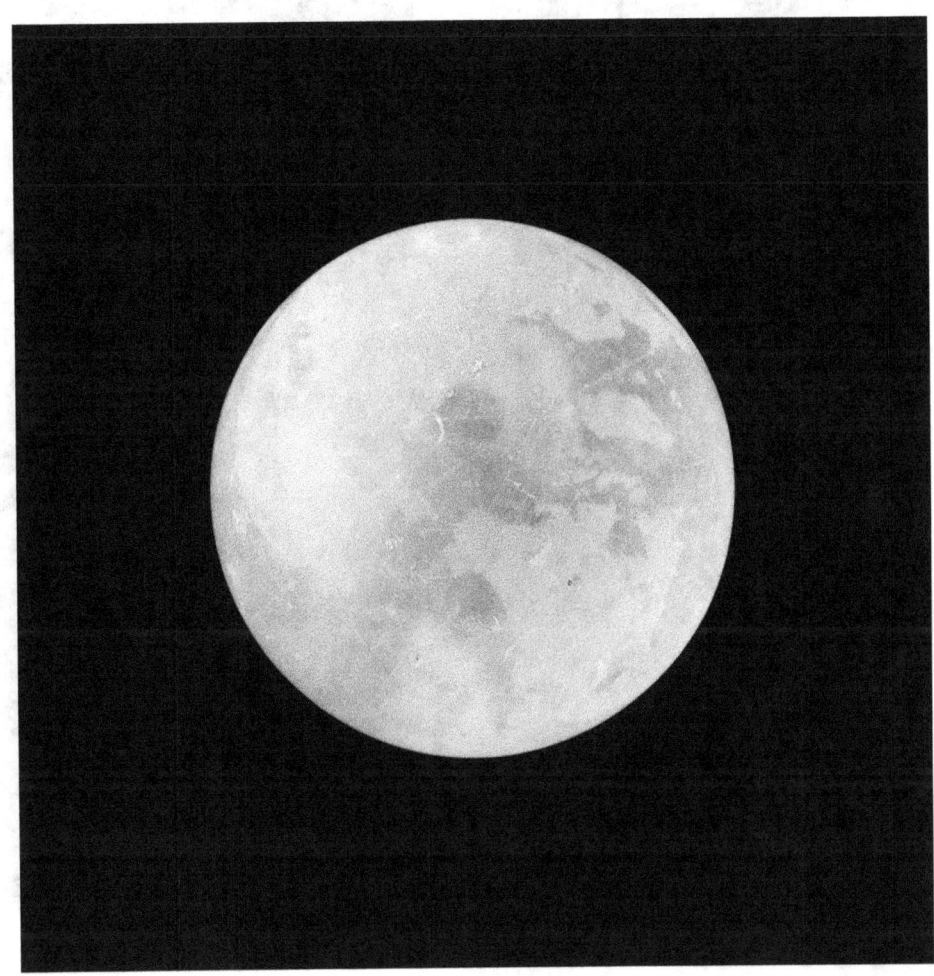

978-1-62265-918-0 (online) 978-1-62265-919-7 (paper)
STILL LIFE by Hongchuan Zhang

# 豌豆角

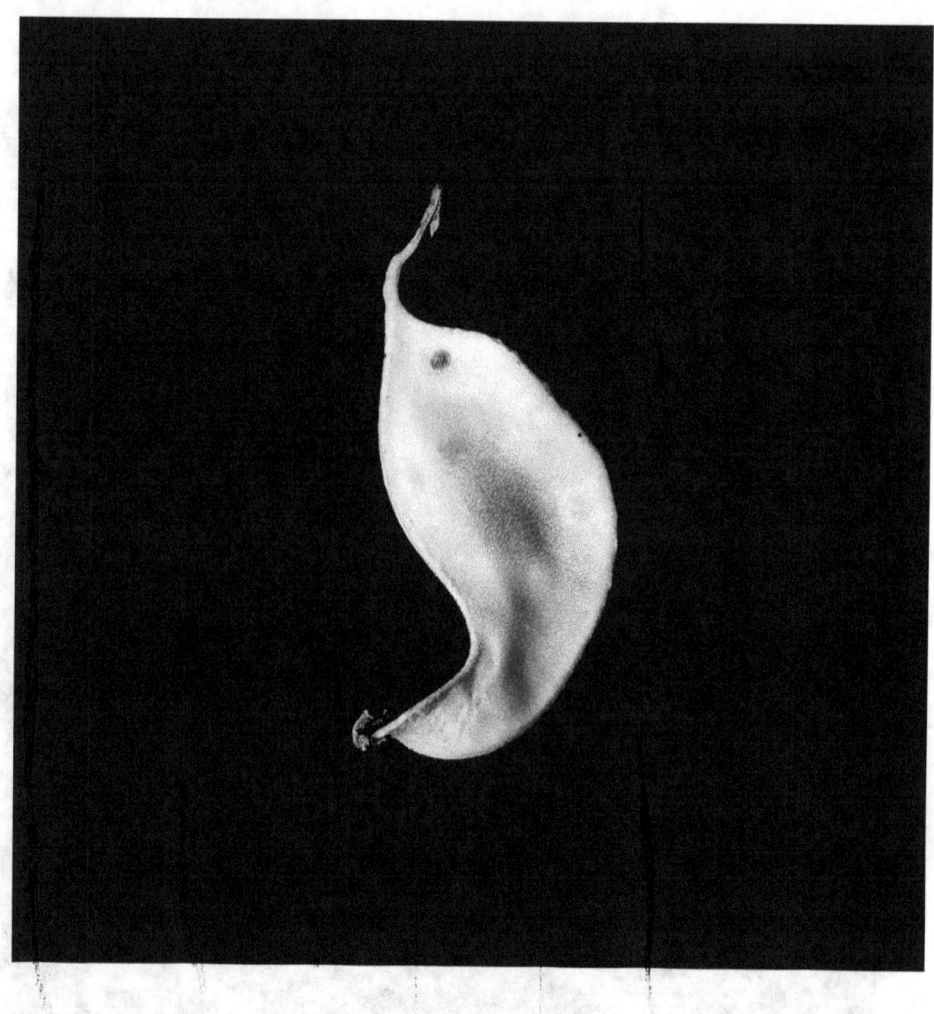

978-1-62265-918-0 (online) 978-1-62265-919-7 (paper)

# 烛光

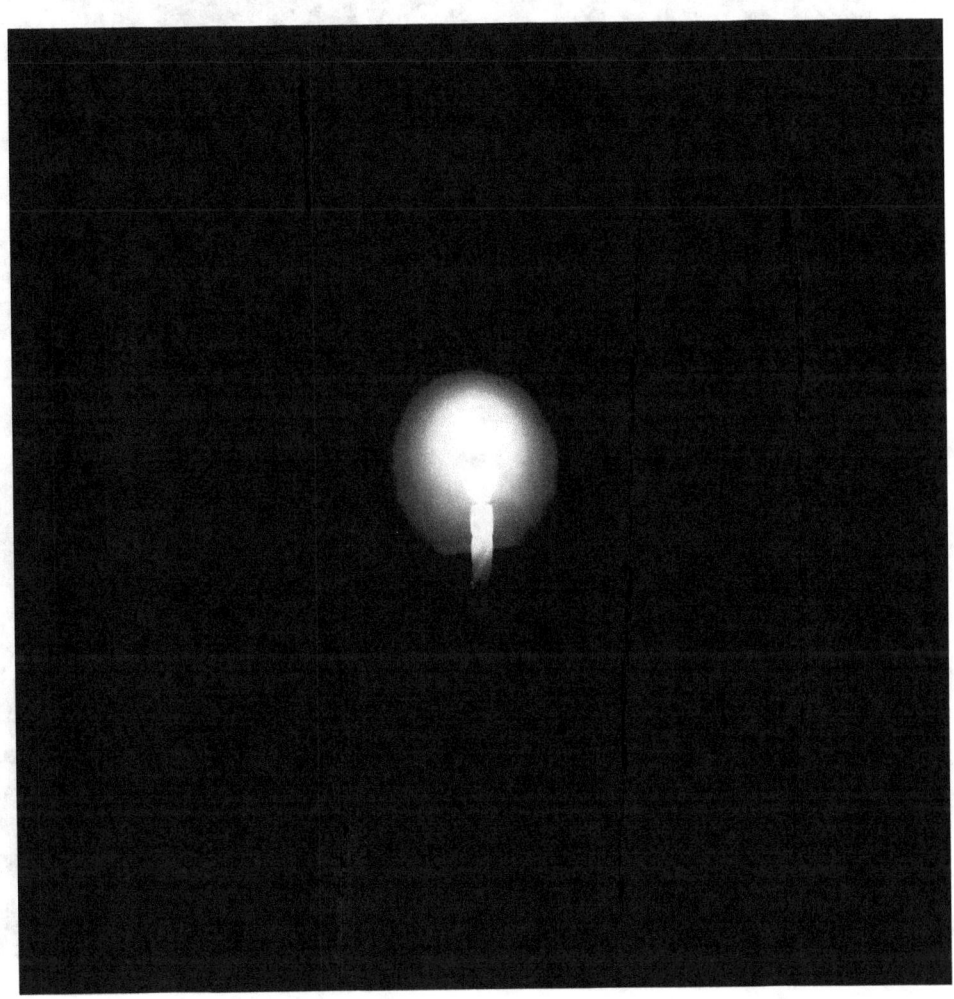

978-1-62265-918-0 (online) 978-1-62265-919-7 (paper)
STILL LIFE by Hongchuan Zhang

## 蜂窝

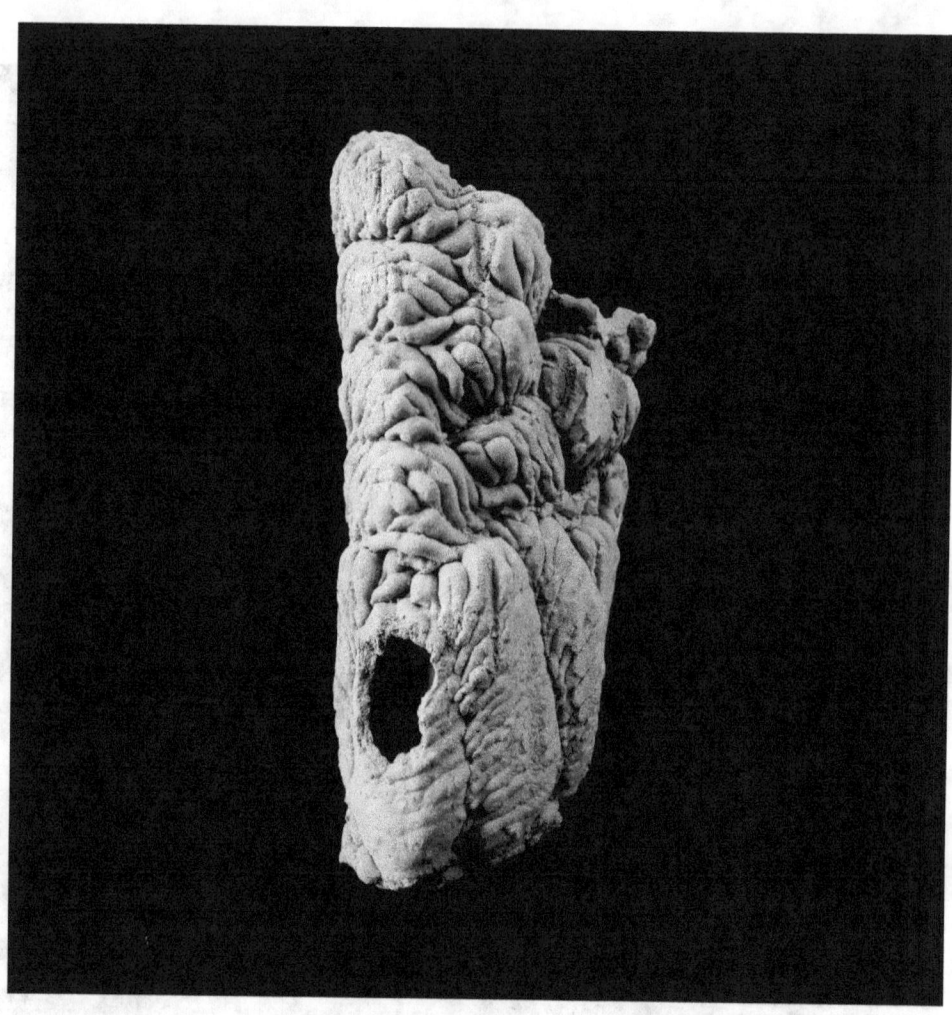

978-1-62265-918-0 (online) 978-1-62265-919-7 (paper)

# 石榴

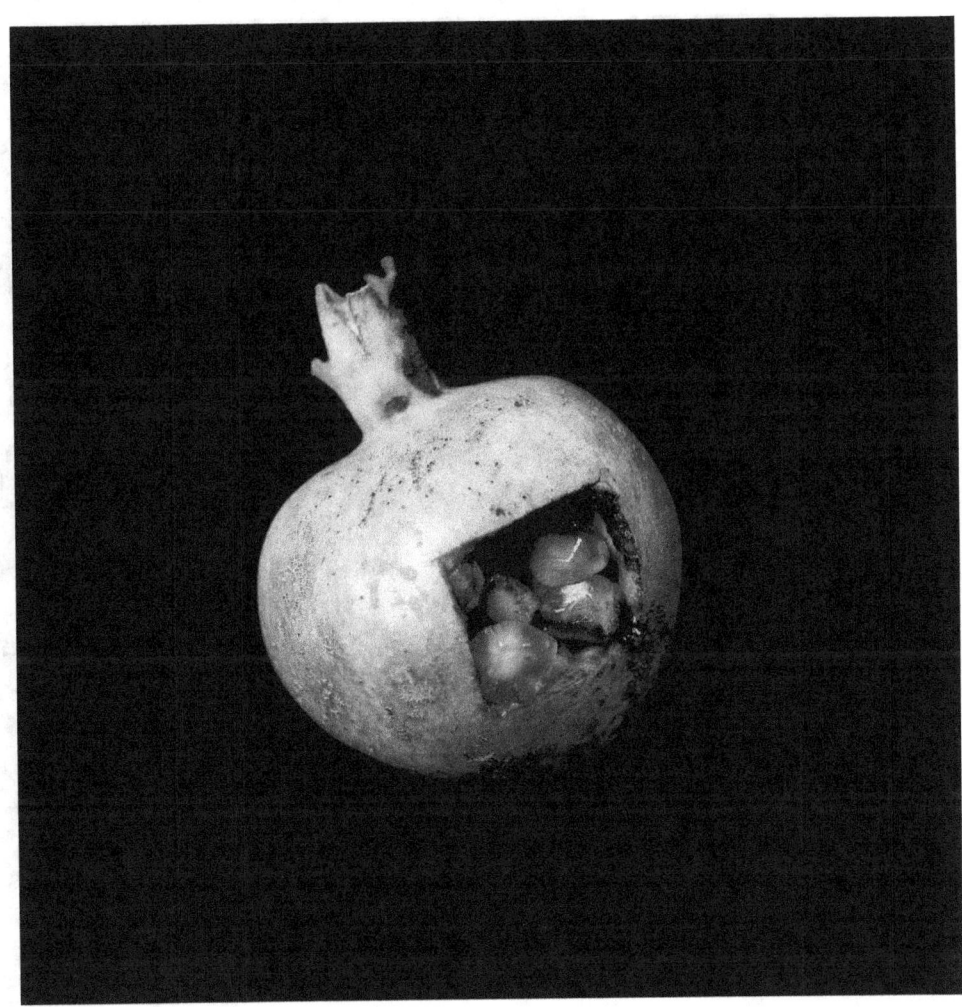

978-1-62265-918-0 (online) 978-1-62265-919-7 (paper)
STILL LIFE by Hongchuan Zhang

# 松果与方木

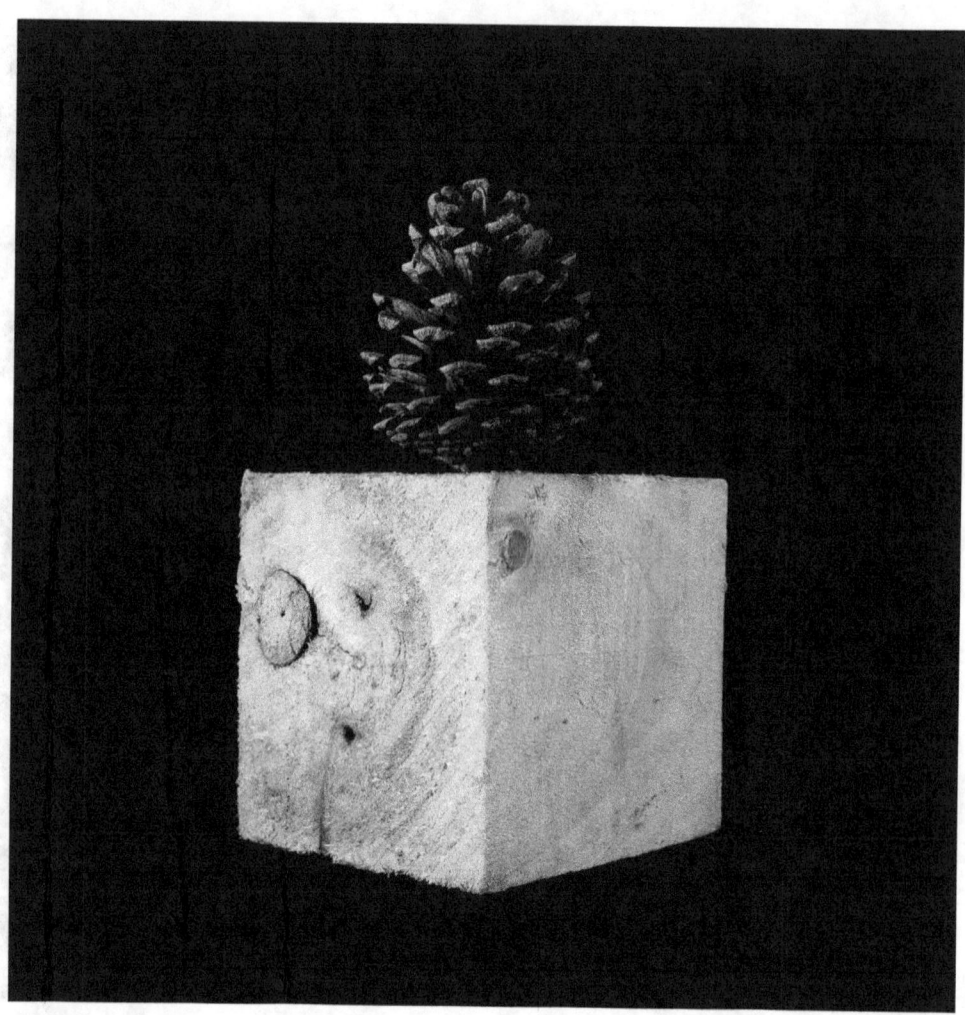

978-1-62265-918-0 (online) 978-1-62265-919-7 (paper)
STILL LIFE by Hongchuan Zhang

# 钥匙与籽壳

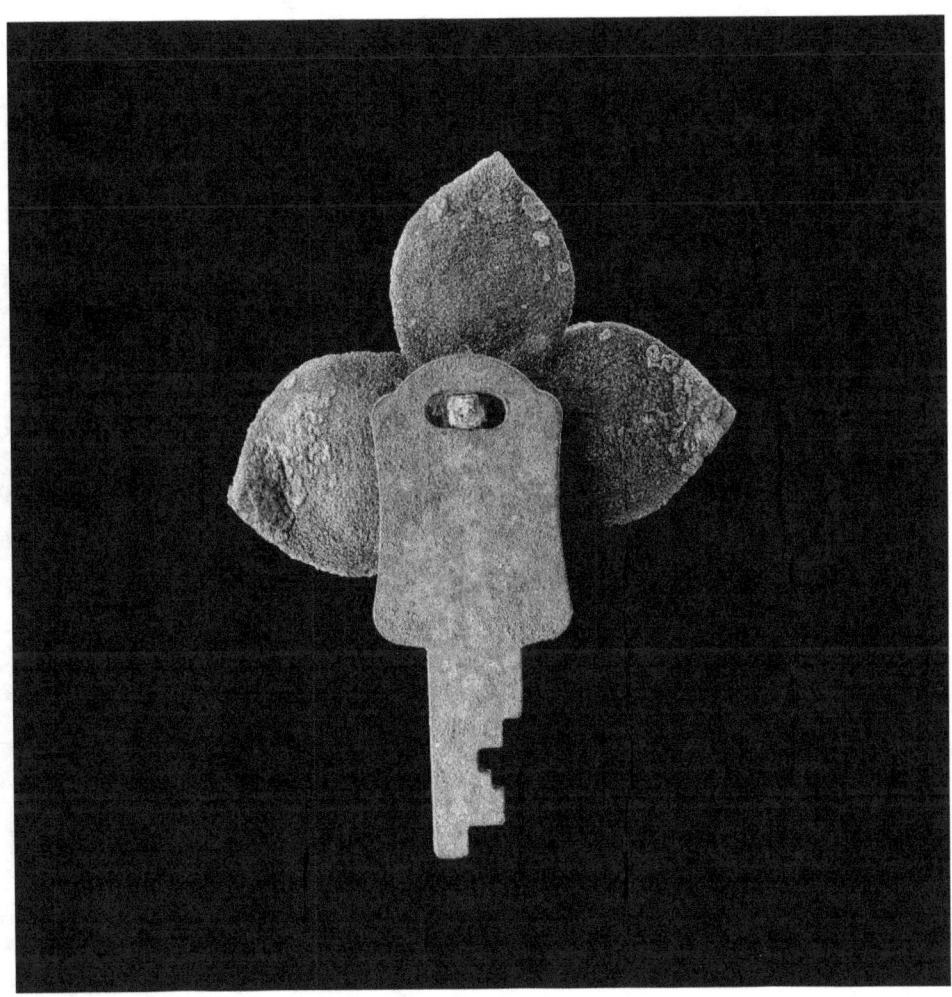

978-1-62265-918-0 (online) 978-1-62265-919-7 (paper)
STILL LIFE by Hongchuan Zhang

# 铁丝的舞蹈

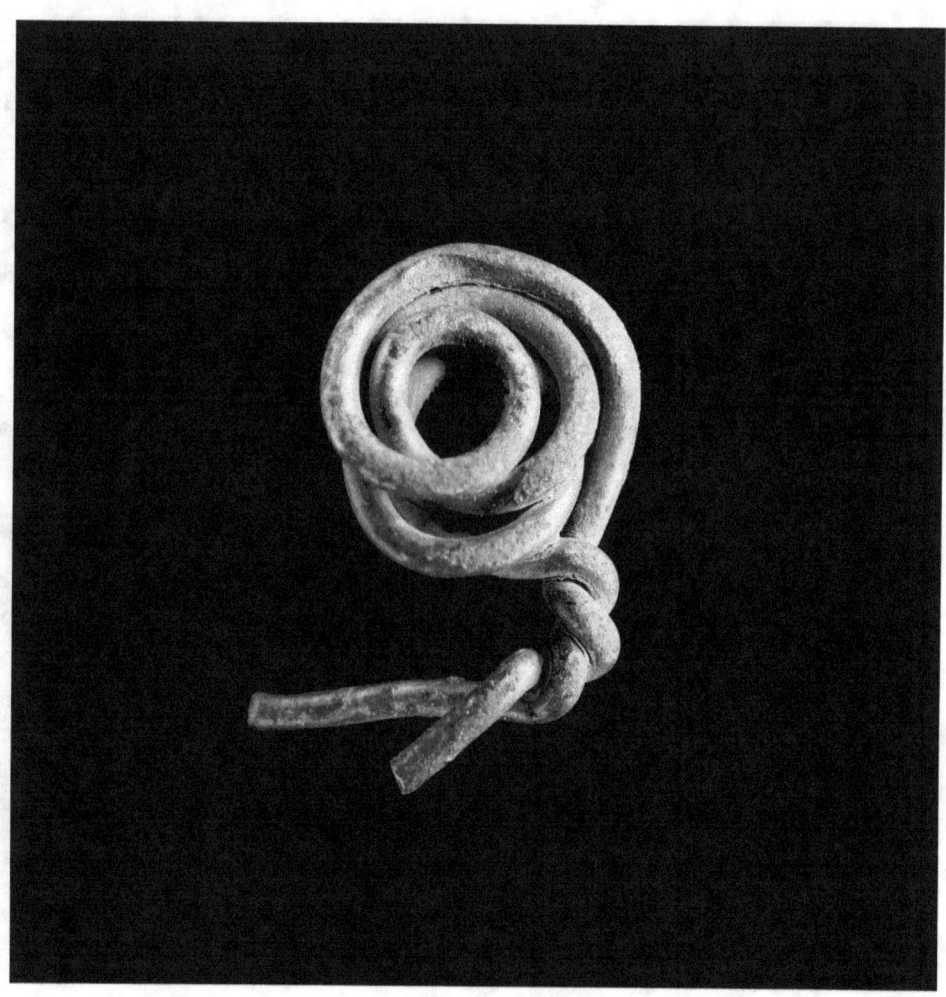

978-1-62265-918-0 (online) 978-1-62265-919-7 (paper)
STILL LIFE by Hongchuan Zhang

# 峰叶

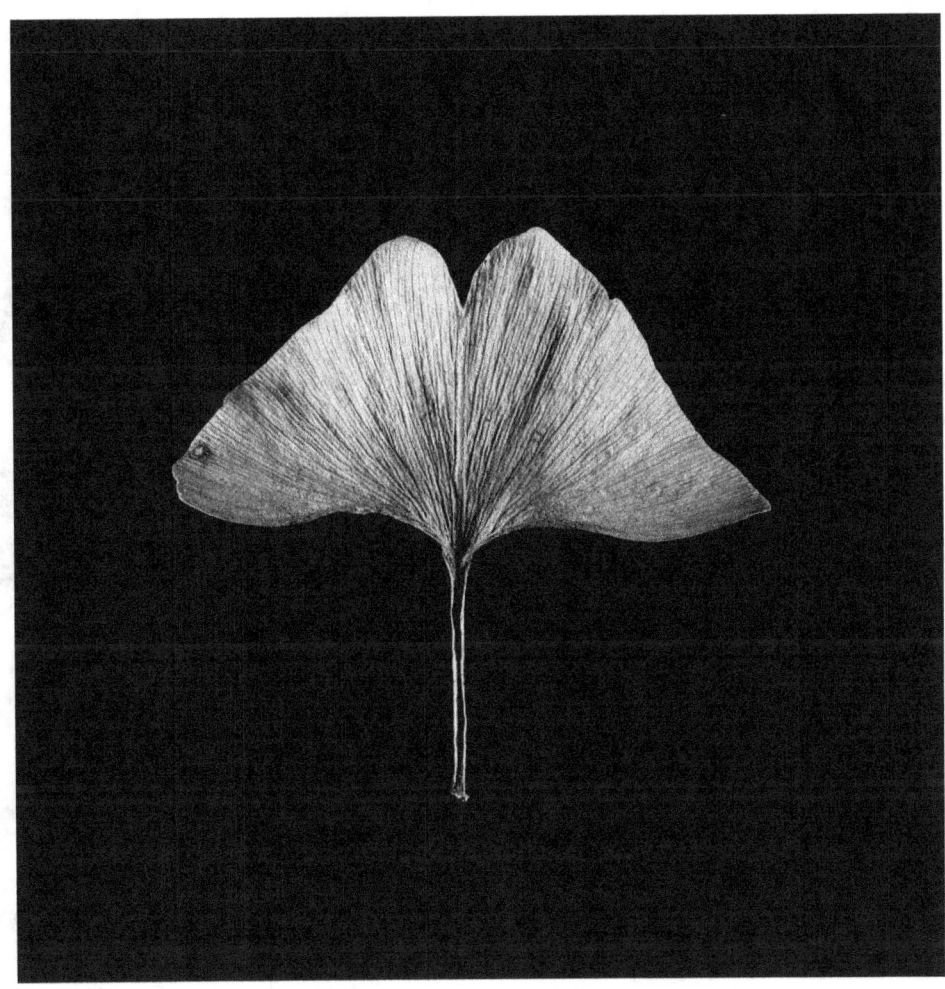

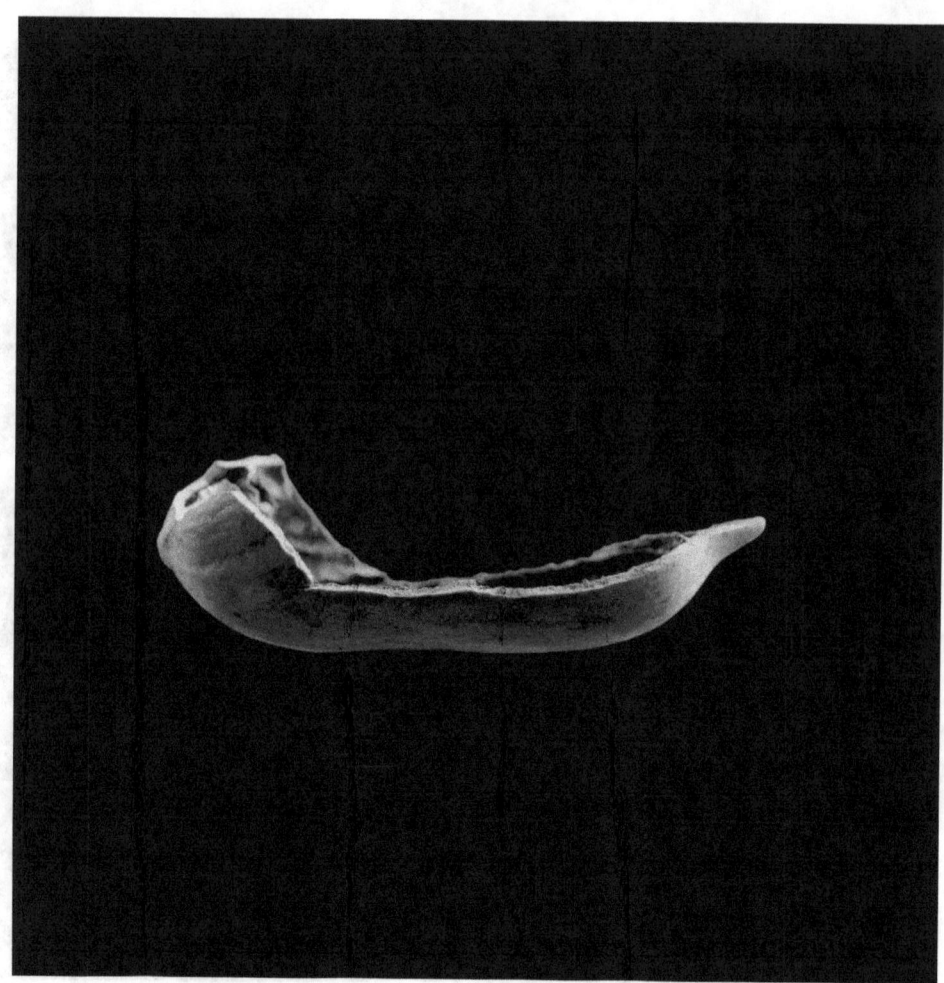

# 果壳

978-1-62265-918-0 (online) 978-1-62265-919-7 (paper)

# 弹珠

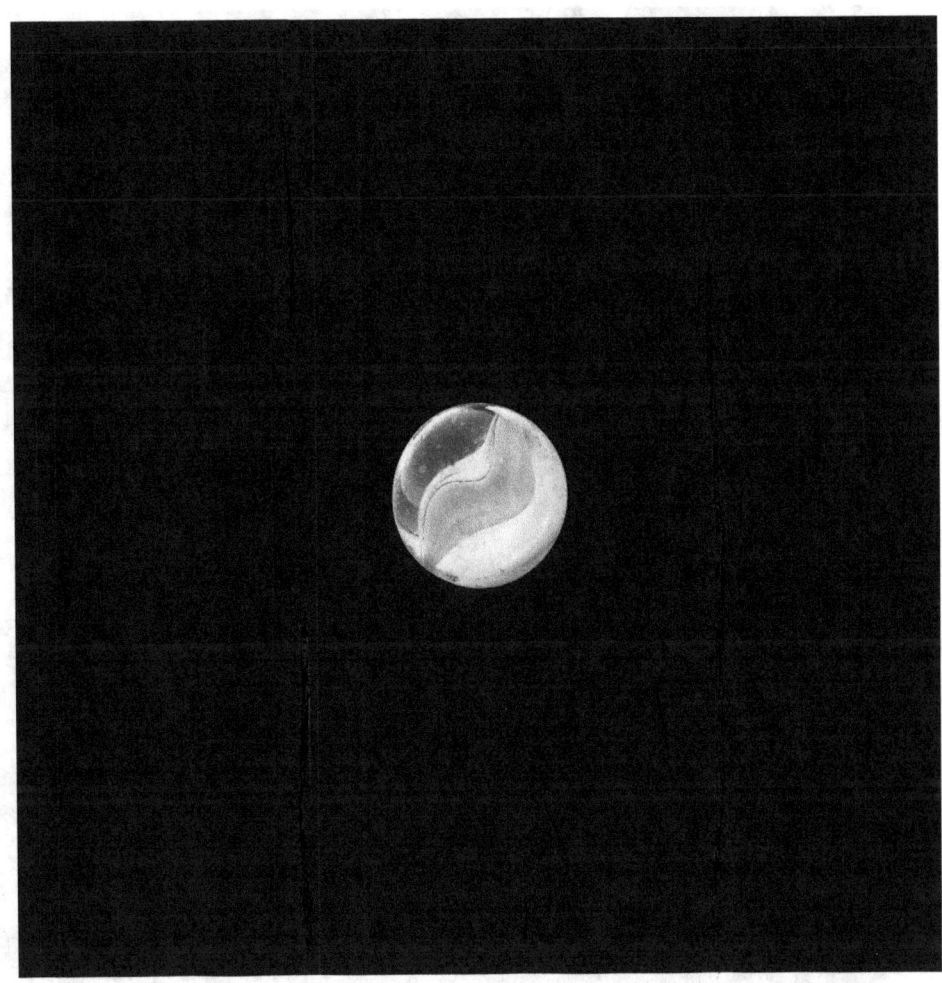

978-1-62265-918-0 (online) 978-1-62265-919-7 (paper)
STILL LIFE by Hongchuan Zhang

## 铁环

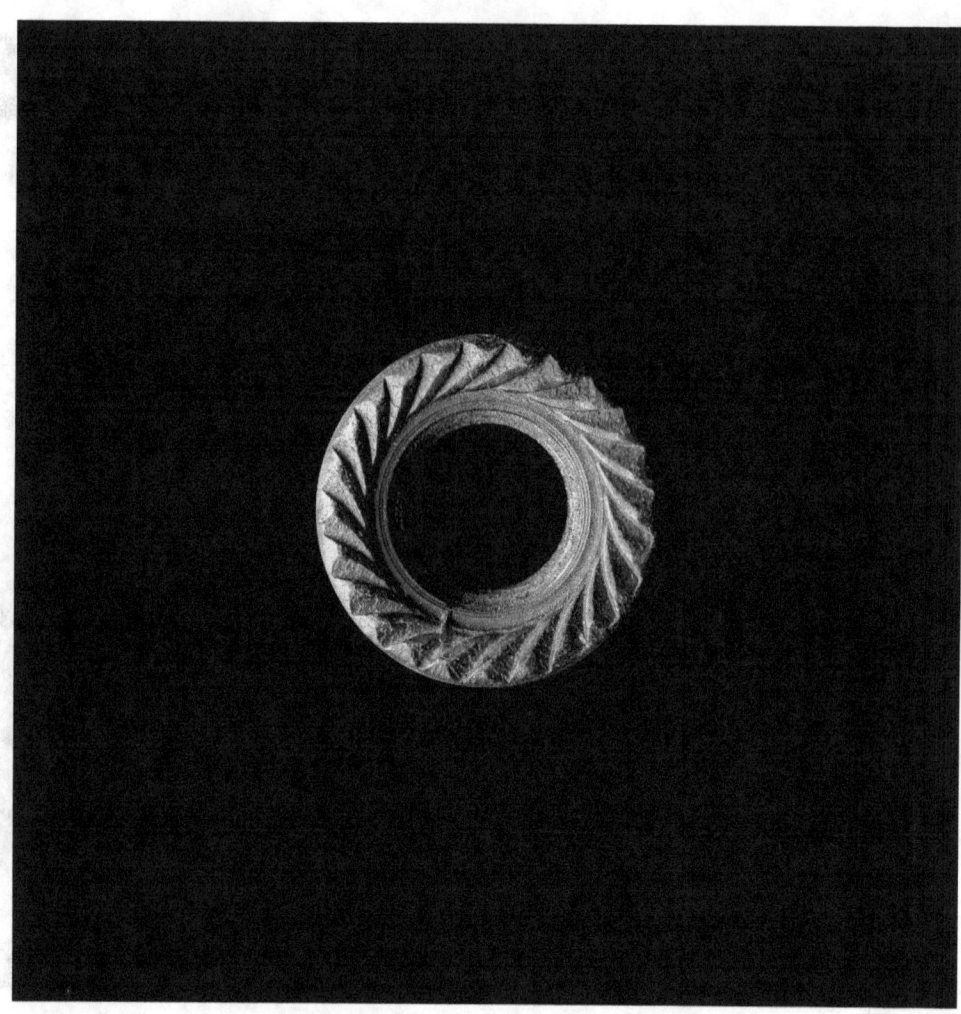

978-1-62265-918-0 (online) 978-1-62265-919-7 (paper)
STILL LIFE by Hongchuan Zhang

# 松果

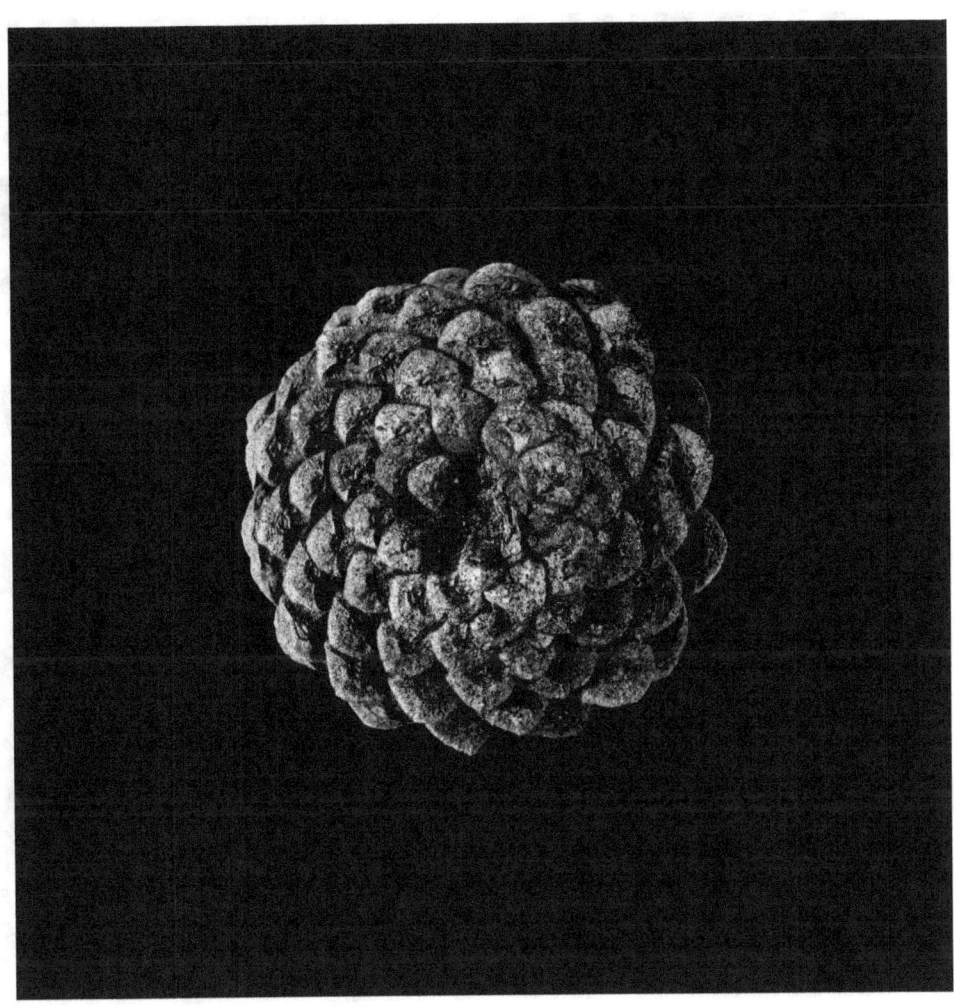

978-1-62265-918-0 (online) 978-1-62265-919-7 (paper)

# 枫叶

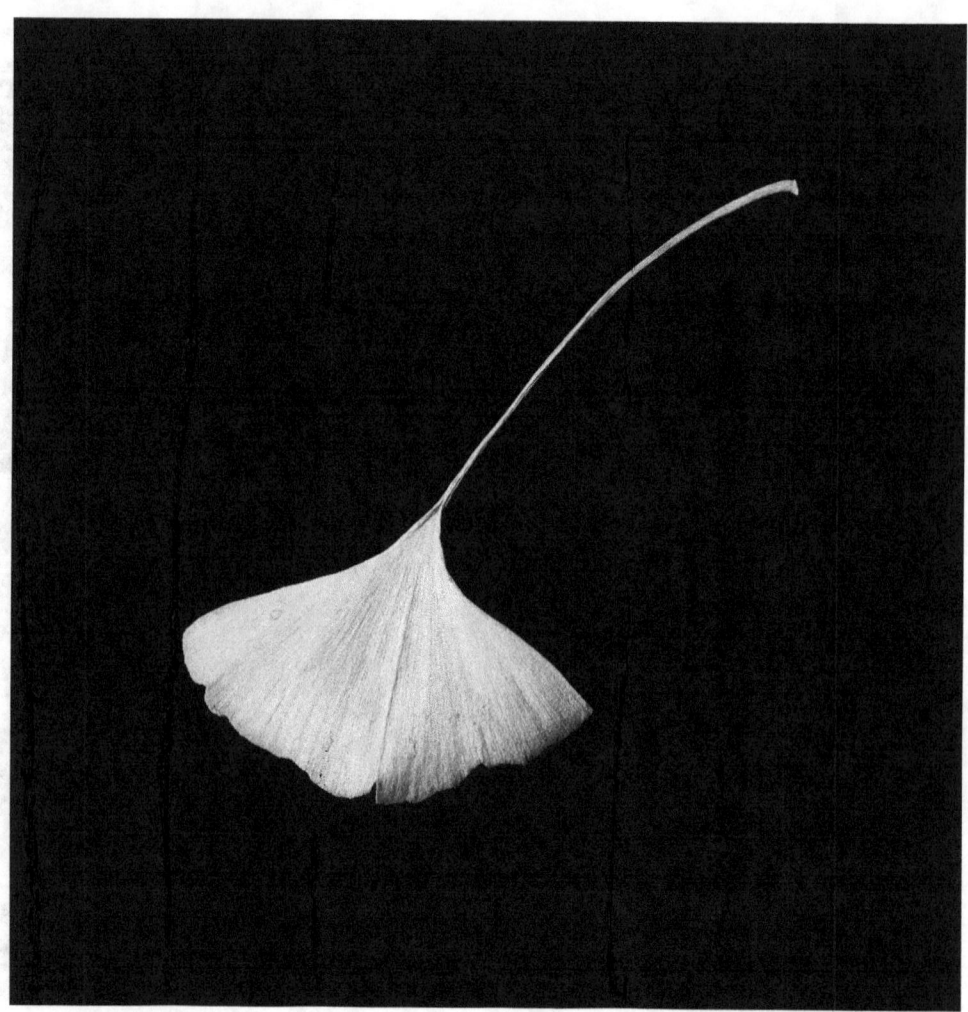

978-1-62265-918-0 (online) 978-1-62265-919-7 (paper)
STILL LIFE by Hongchuan Zhang

# 飞蛾

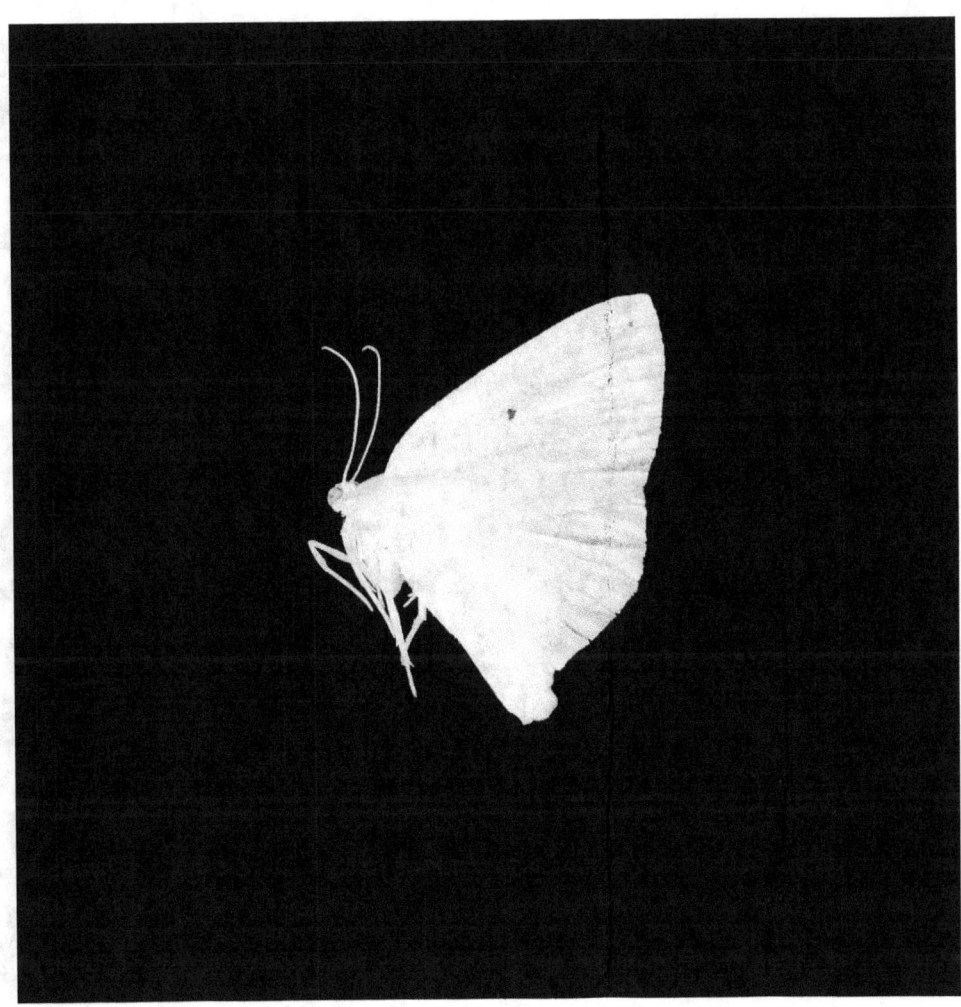

978-1-62265-918-0 (online) 978-1-62265-919-7 (paper)
STILL LIFE by Hongchuan Zhang

# 鱼形杯

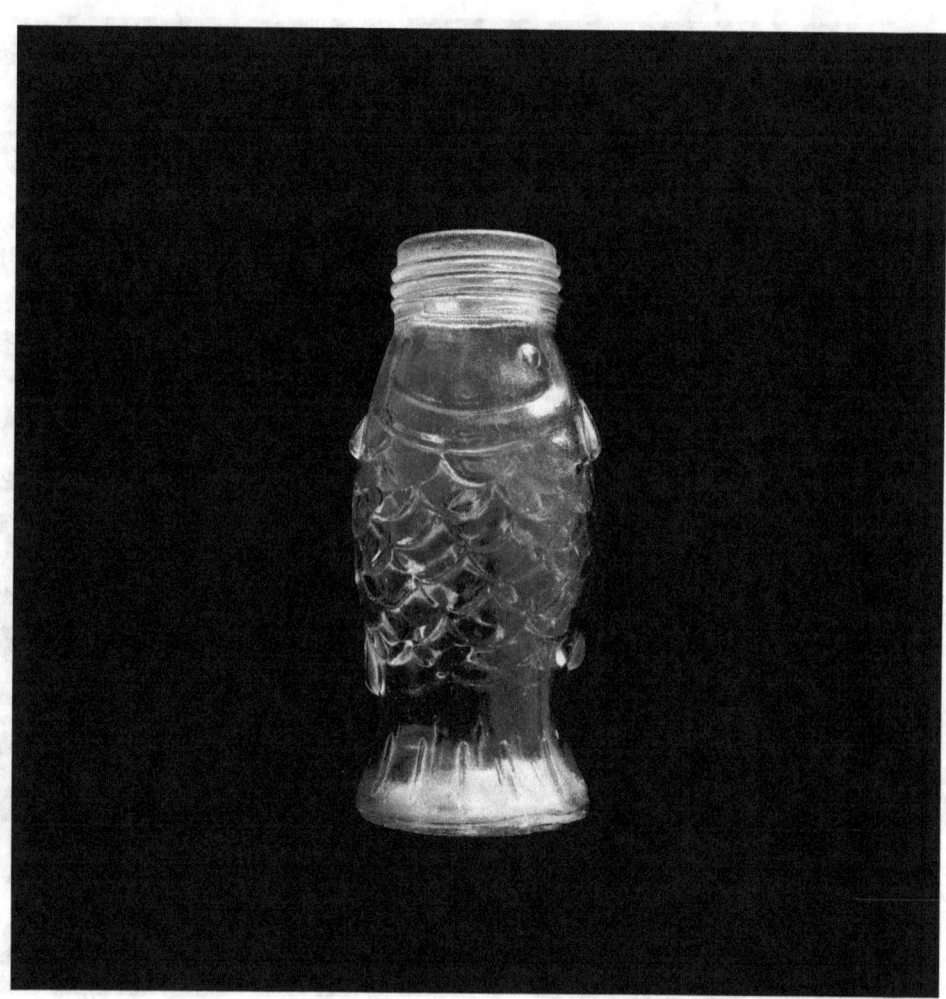

978-1-62265-918-0 (online) 978-1-62265-919-7 (paper)
STILL LIFE by Hongchuan Zhang

# 红薯

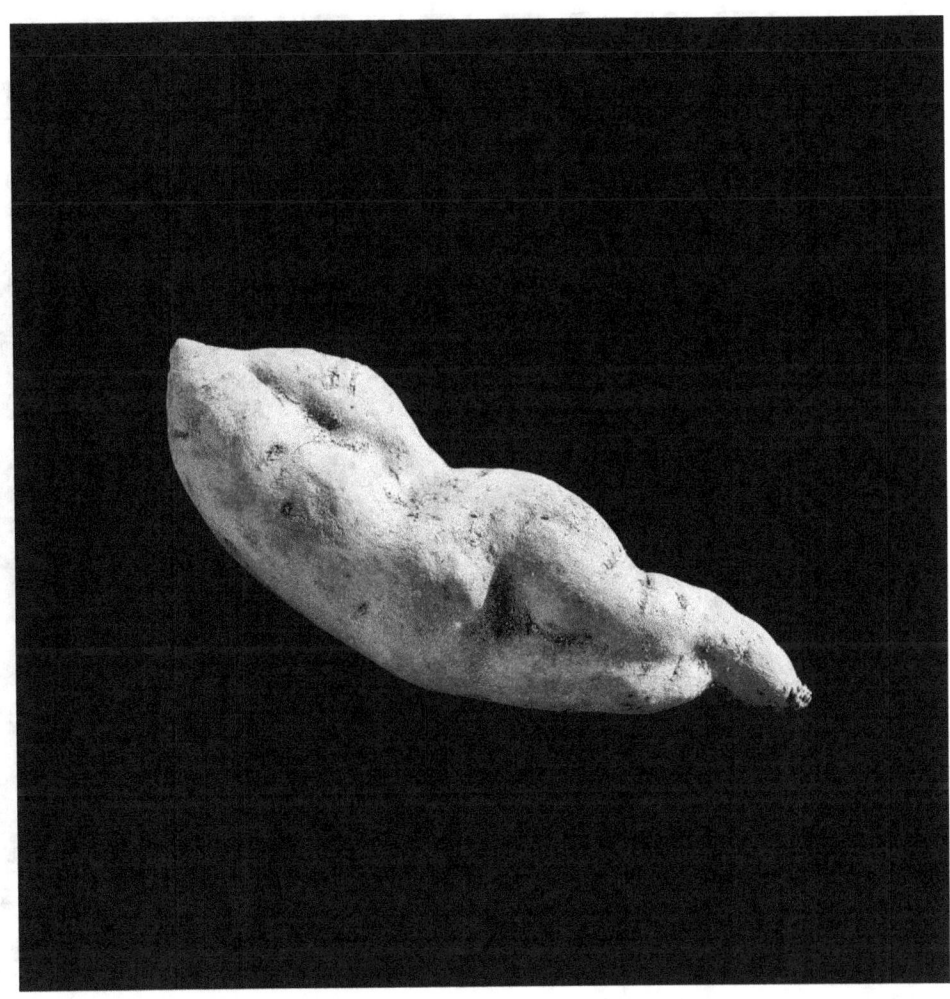

978-1-62265-918-0 (online) 978-1-62265-919-7 (paper)
STILL LIFE by Hongchuan Zhang

# 顽石

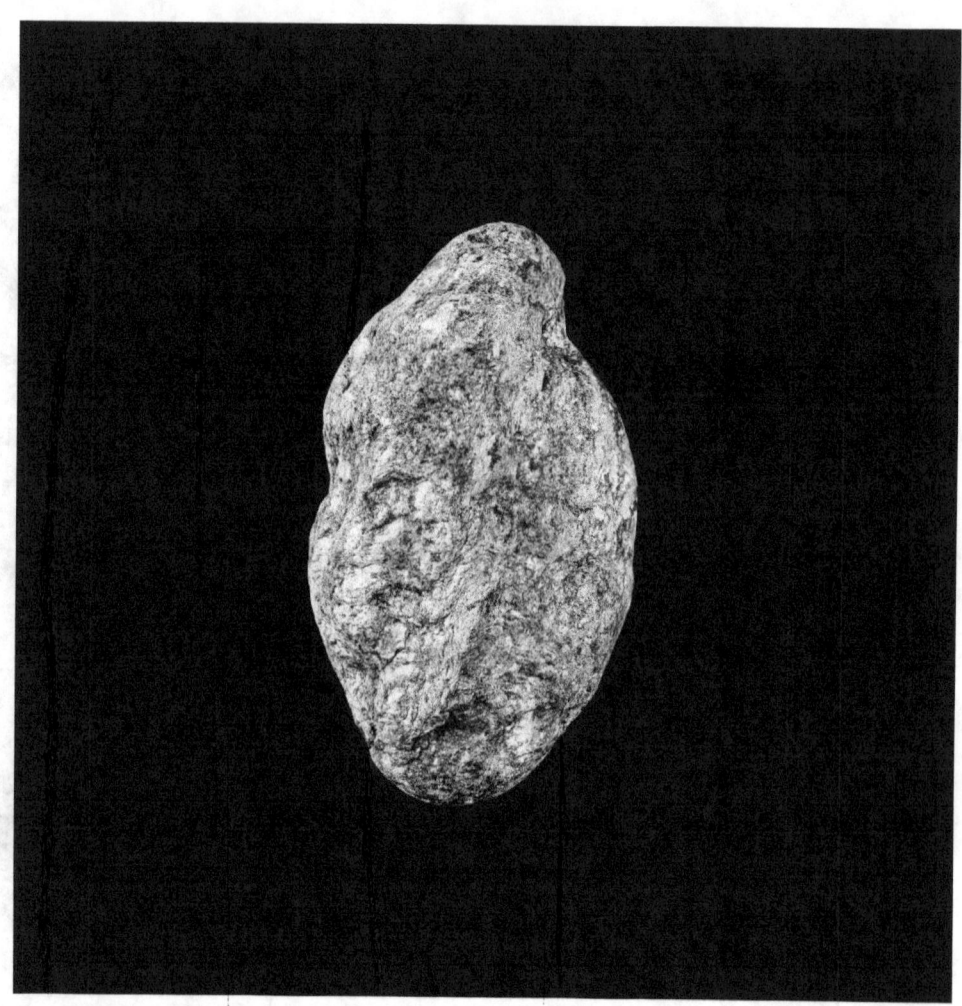

978-1-62265-918-0 (online) 978-1-62265-919-7 (paper)
STILL LIFE by Hongchuan Zhang

# 鸡蛋

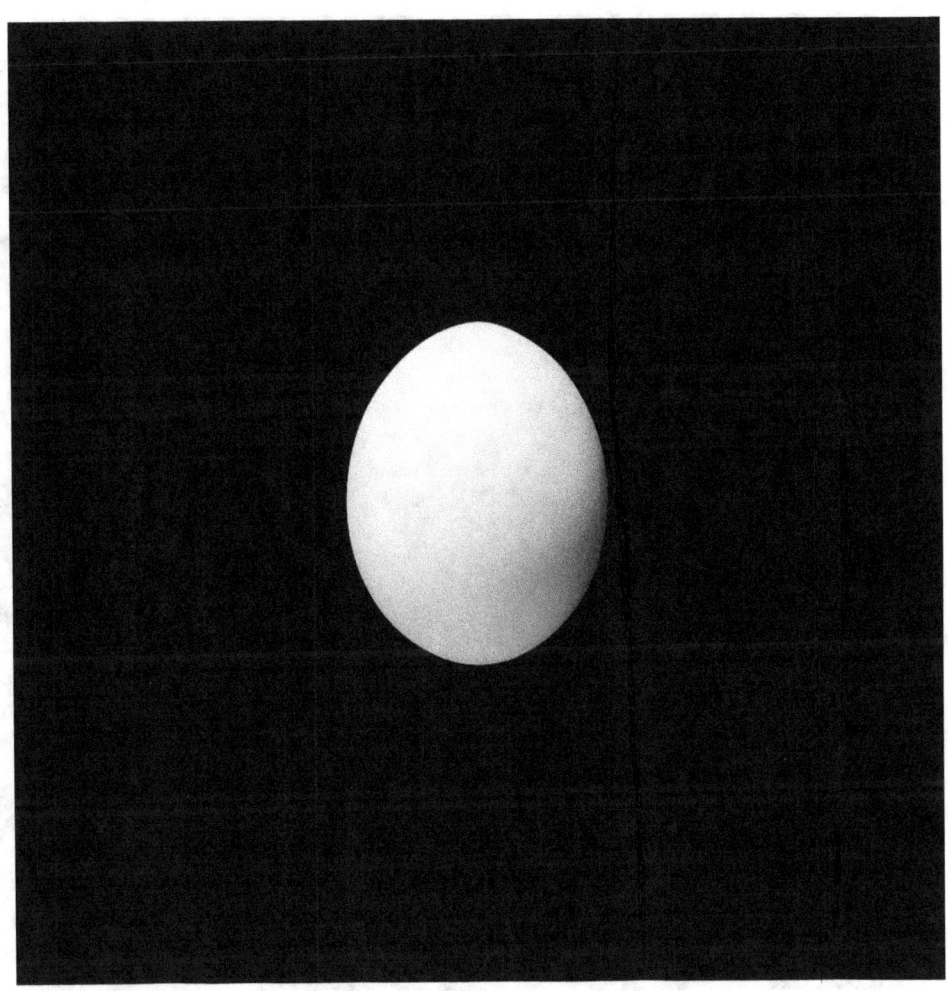

978-1-62265-918-0 (online) 978-1-62265-919-7 (paper)
STILL LIFE by Hongchuan Zhang

# 海螺

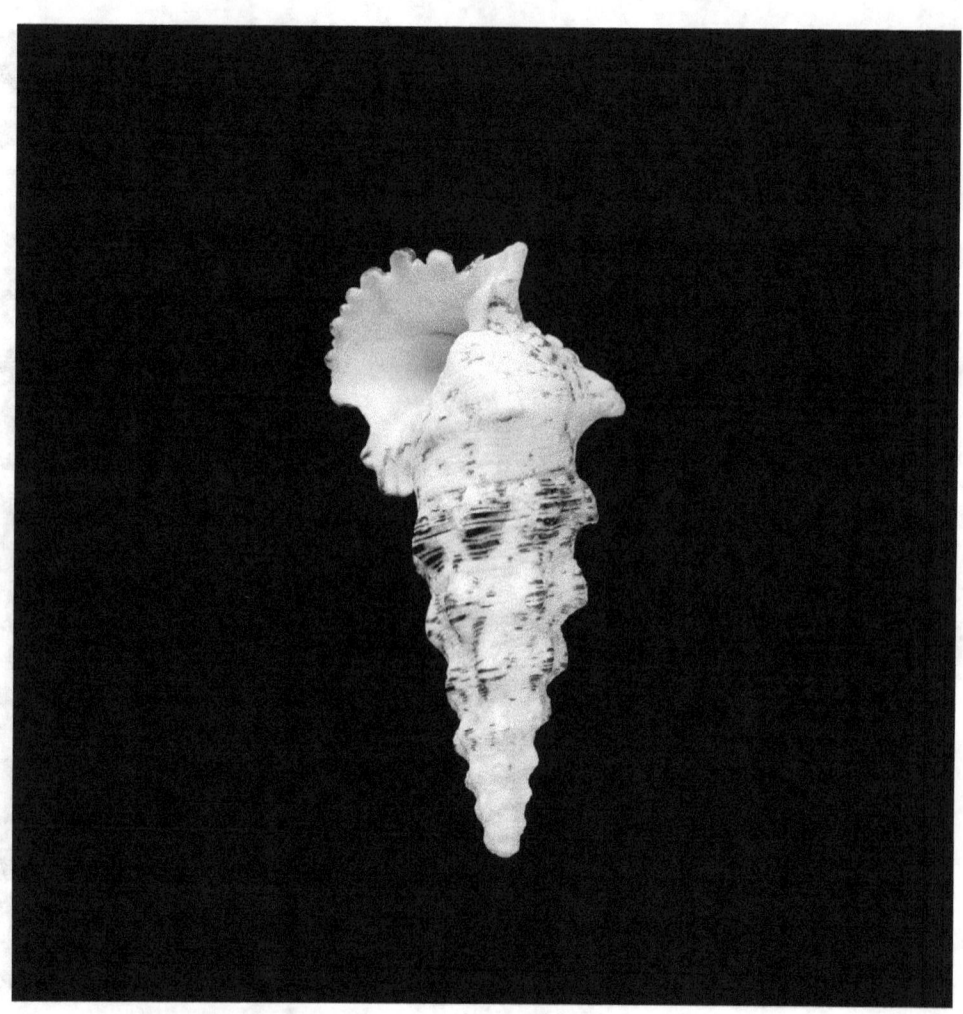

978-1-62265-918-0 (online) 978-1-62265-919-7 (paper)

# 发卡

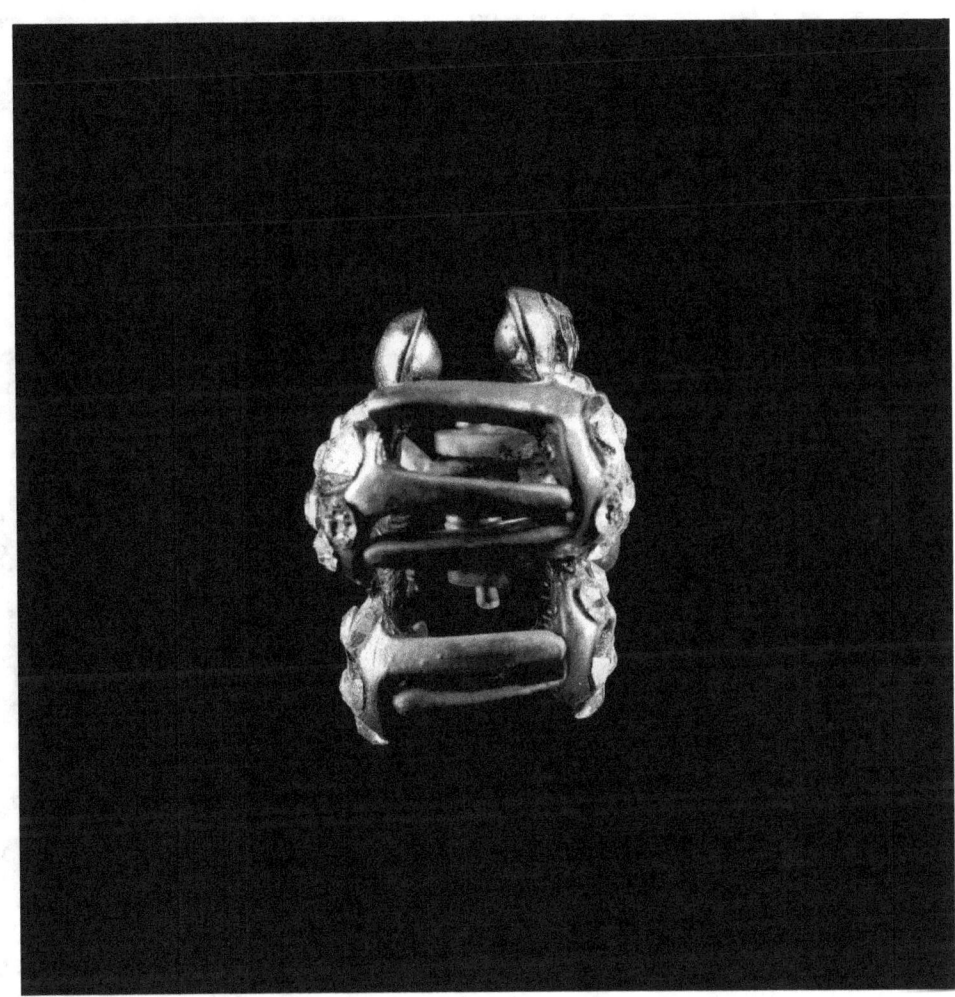

978-1-62265-918-0 (online) 978-1-62265-919-7 (paper)
STILL LIFE by Hongchuan Zhang

# 幸运瓶

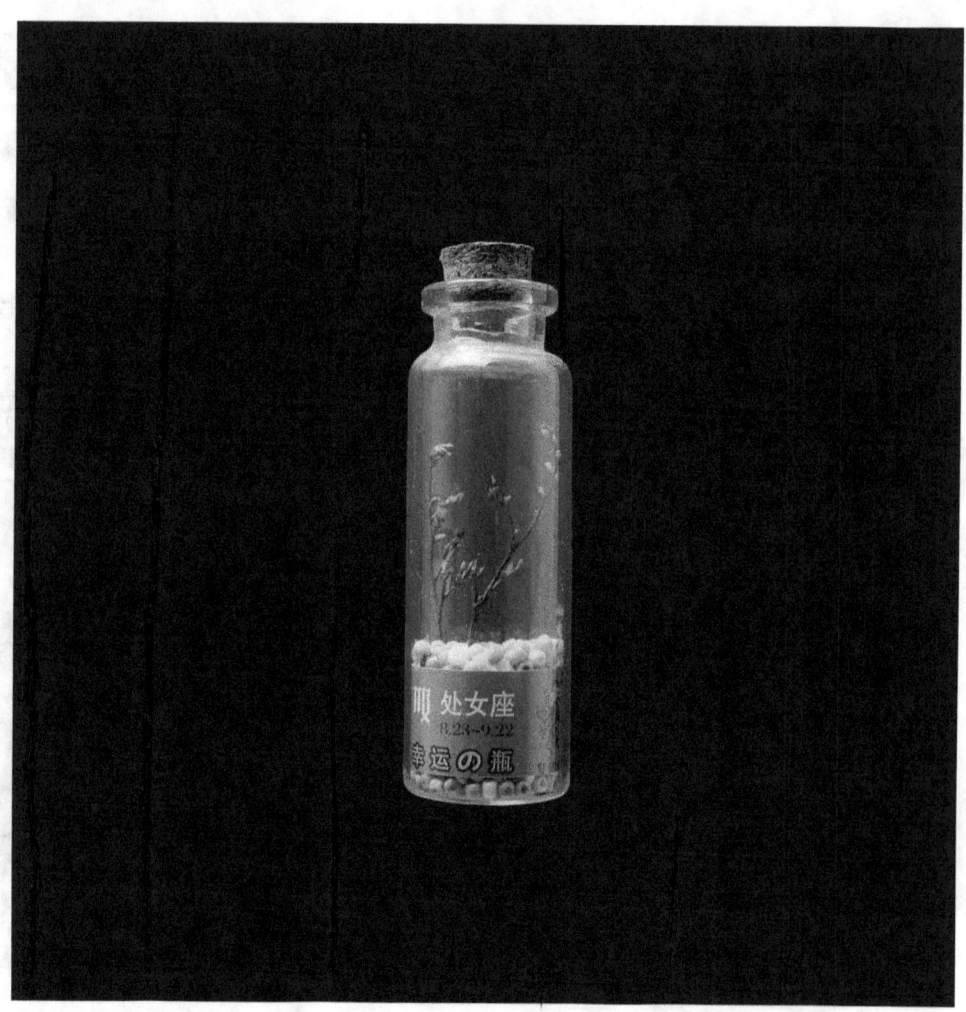

978-1-62265-918-0 (online) 978-1-62265-919-7 (paper)

家

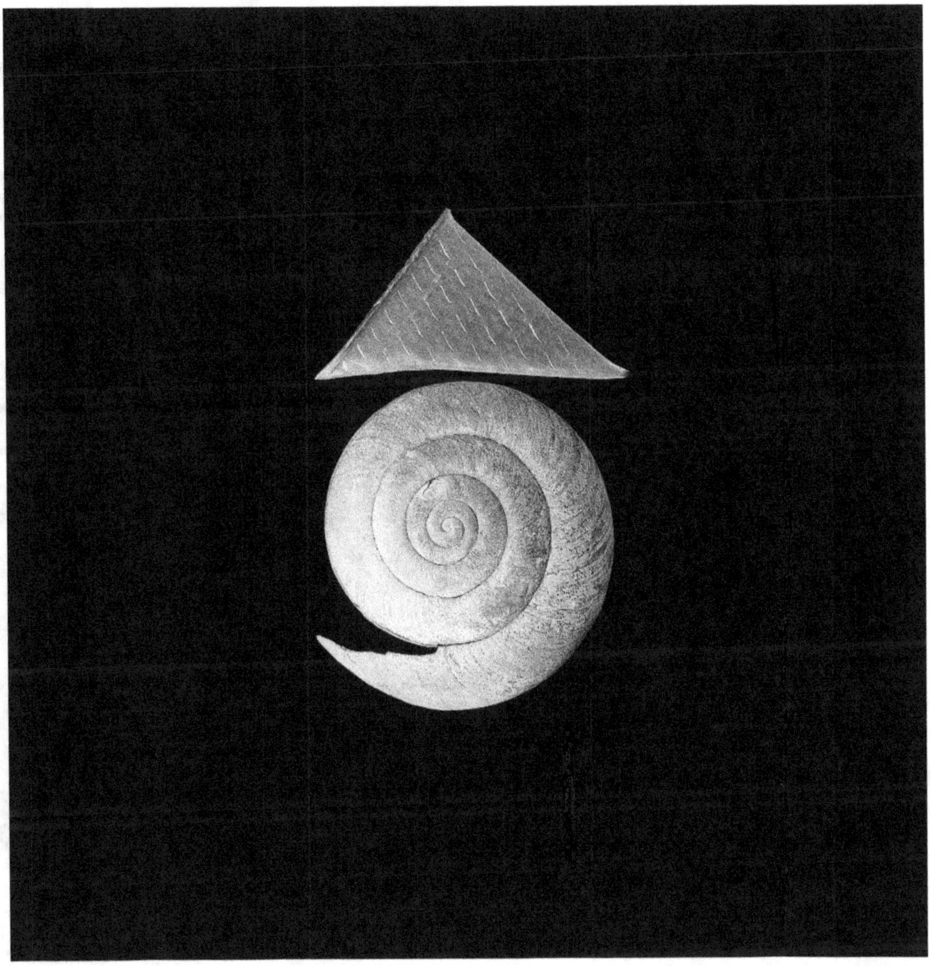

978-1-62265-918-0 (online) 978-1-62265-919-7 (paper)
STILL LIFE by Hongchuan Zhang

# 杯把

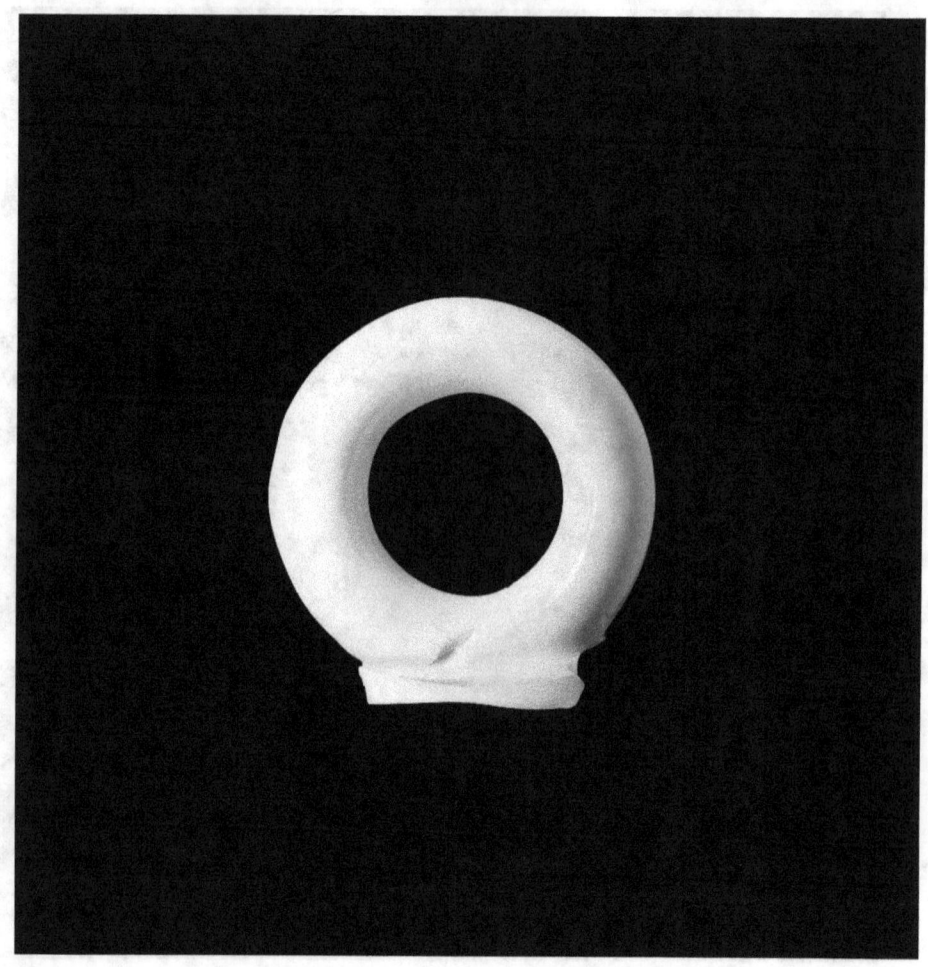

978-1-62265-918-0 (online) 978-1-62265-919-7 (paper)

# 蓝色妖姬

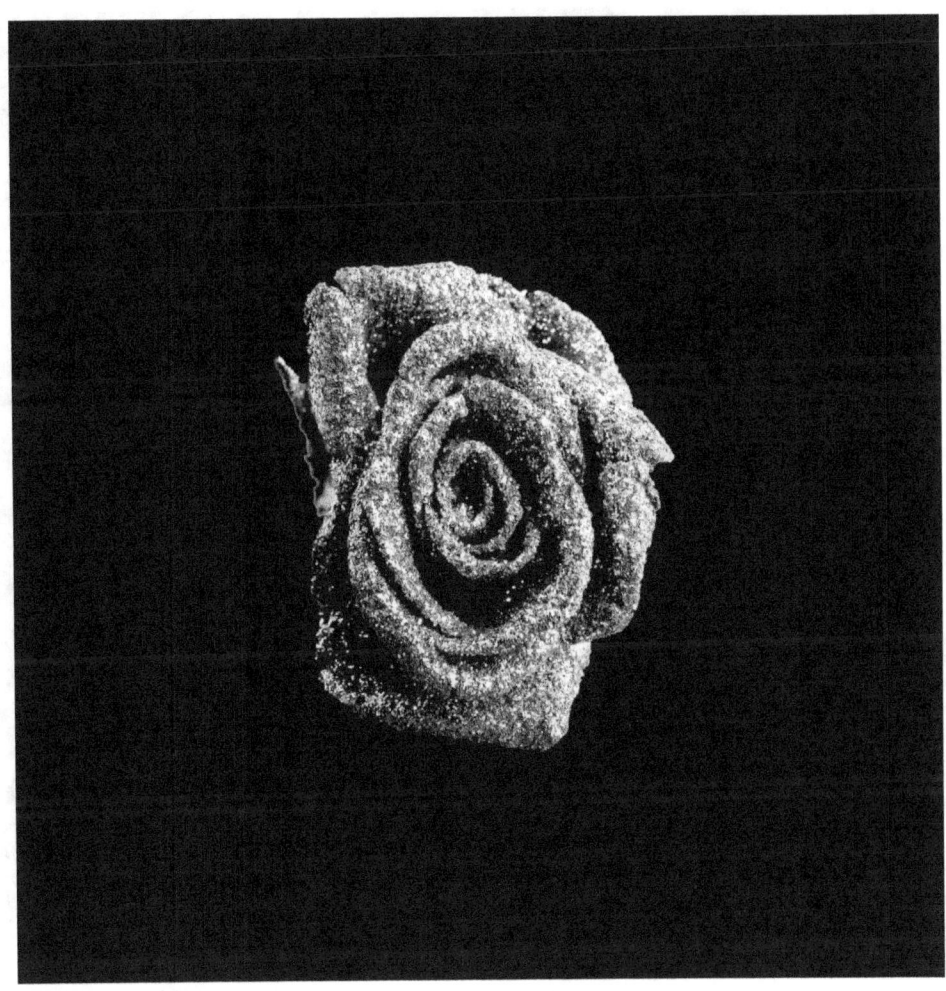

978-1-62265-918-0 (online) 978-1-62265-919-7 (paper)
STILL LIFE by Hongchuan Zhang

# 绿萝

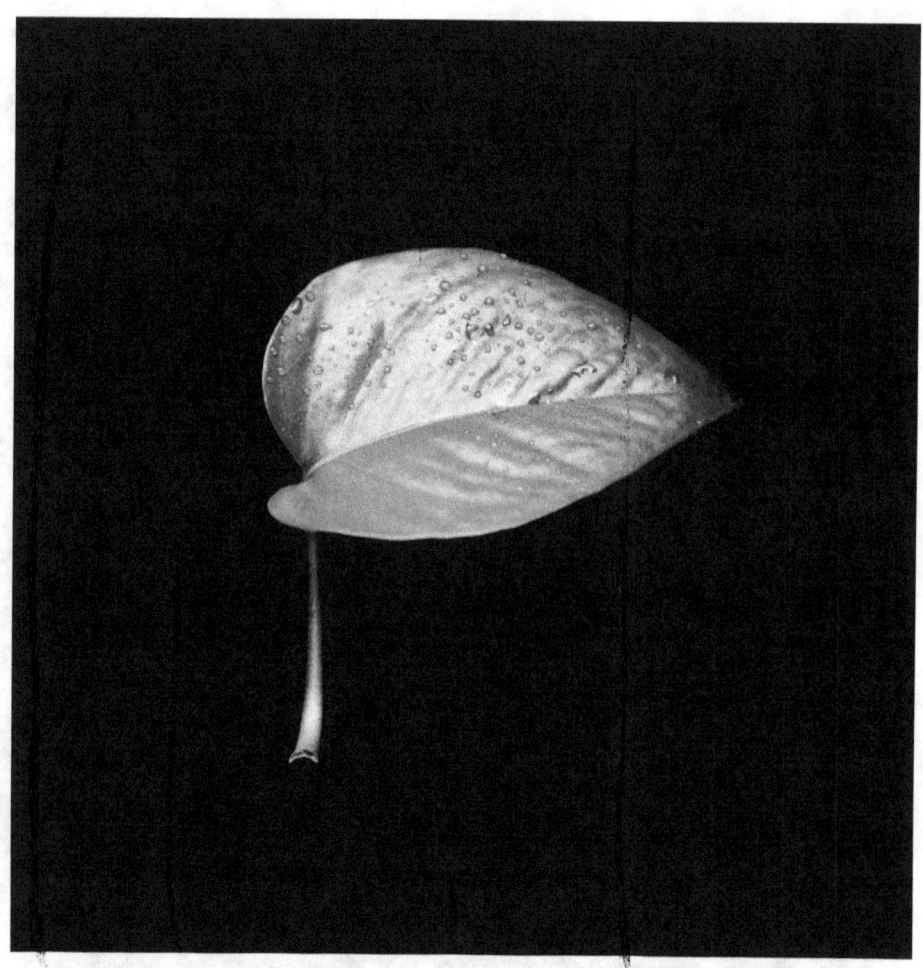

978-1-62265-918-0 (online) 978-1-62265-919-7 (paper)
STILL LIFE by Hongchuan Zhang

# 螺丝

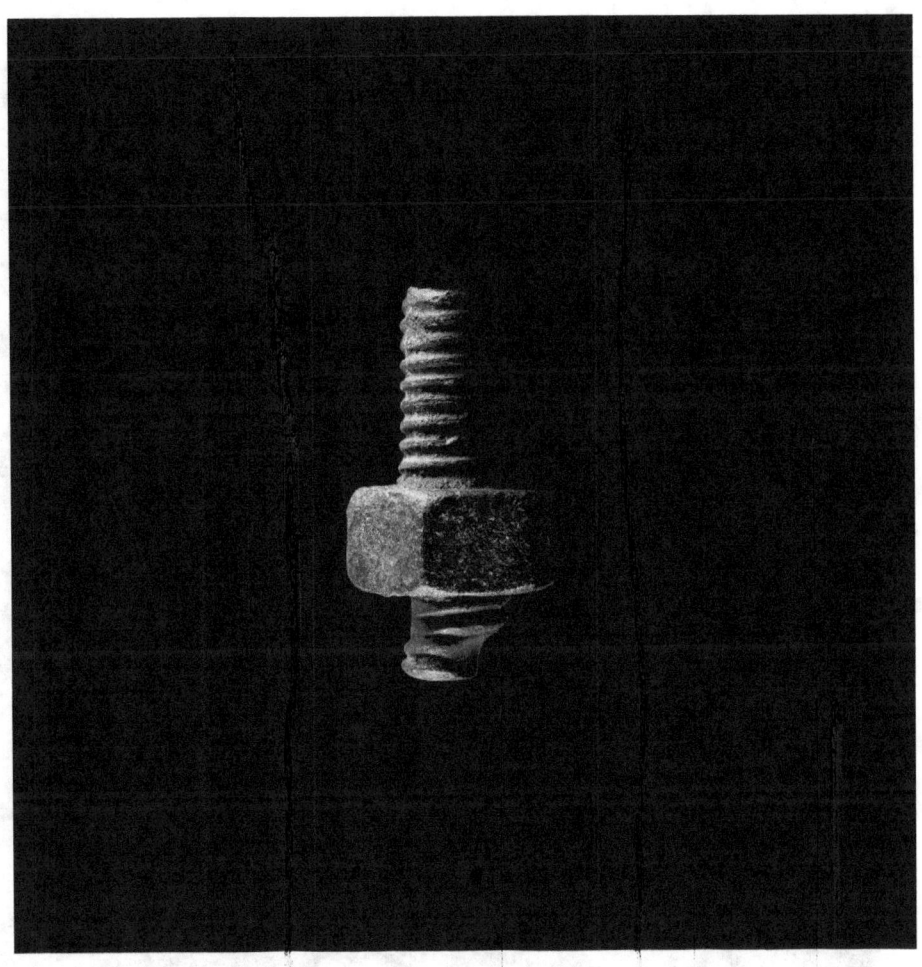

978-1-62265-918-0 (online) 978-1-62265-919-7 (paper)
STILL LIFE by Hongchuan Zhang

# 小黄花

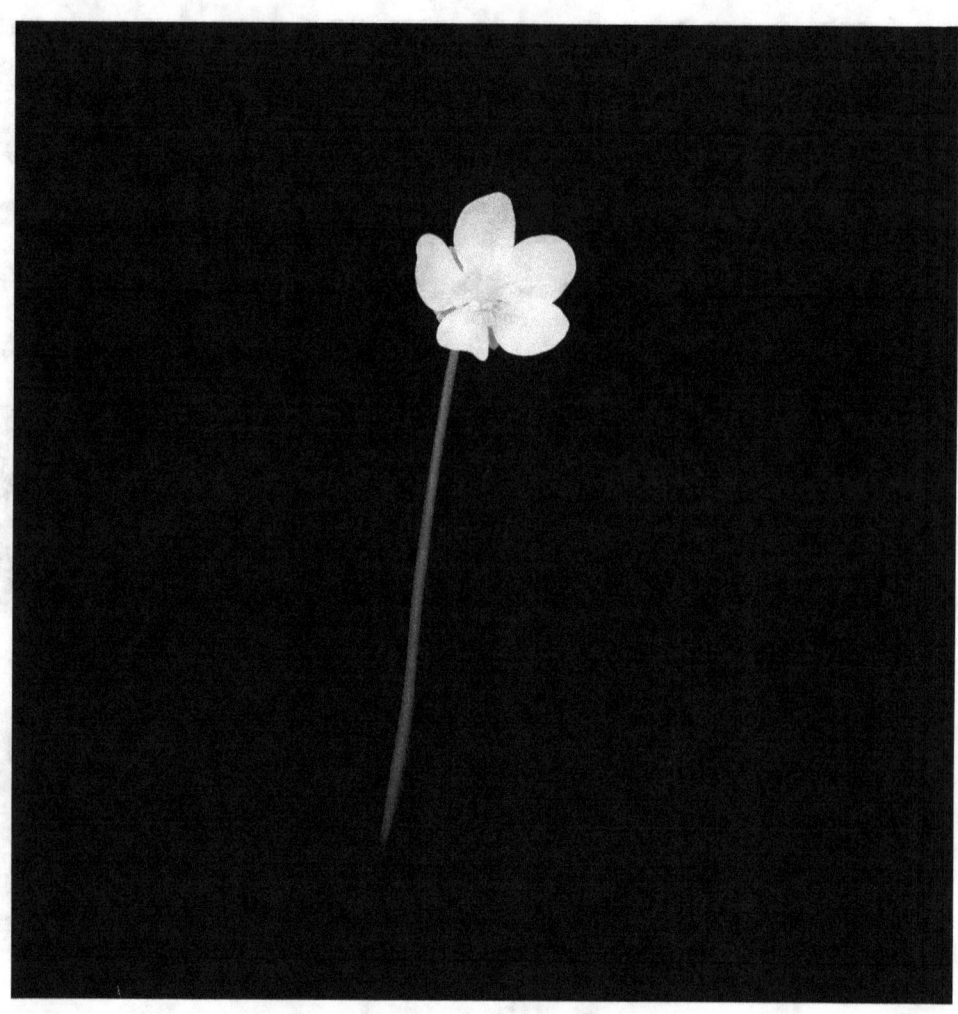

978-1-62265-918-0 (online) 978-1-62265-919-7 (paper)

# 被损坏的小熊

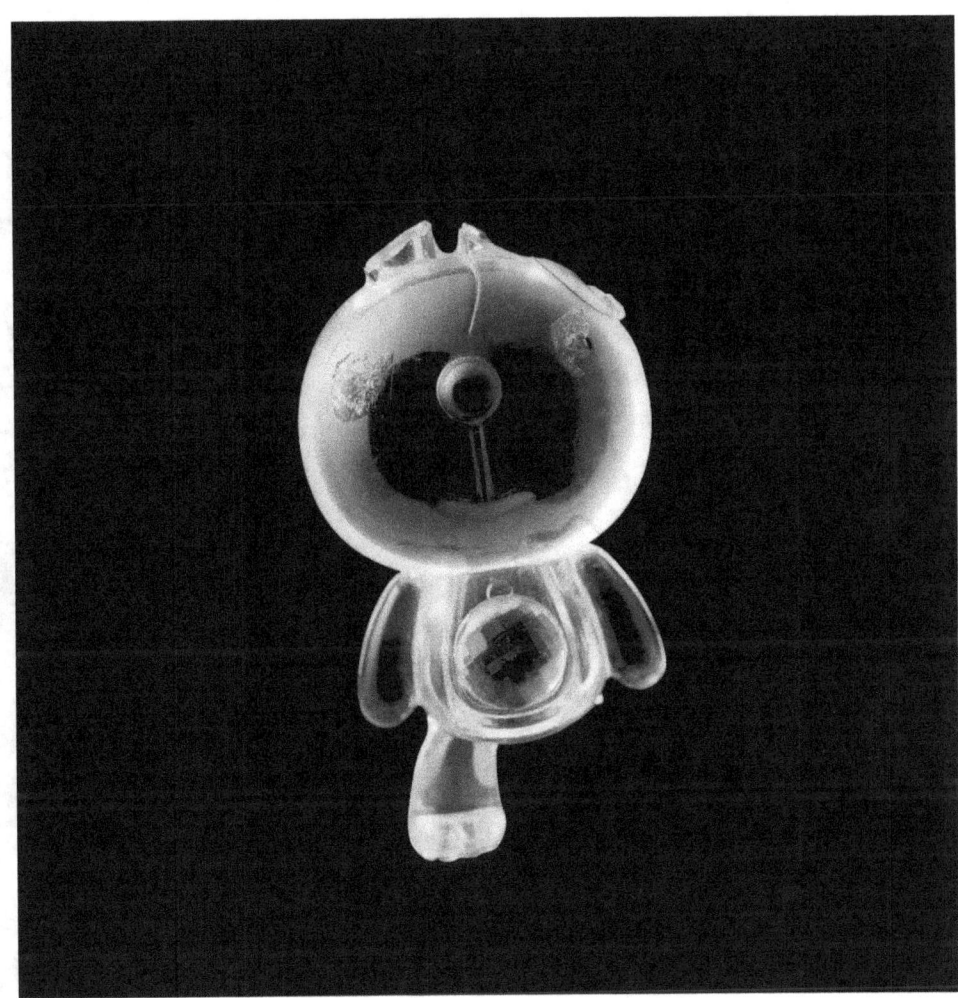

978-1-62265-918-0 (online) 978-1-62265-919-7 (paper)
STILL LIFE by Hongchuan Zhang

# 长城奖杯

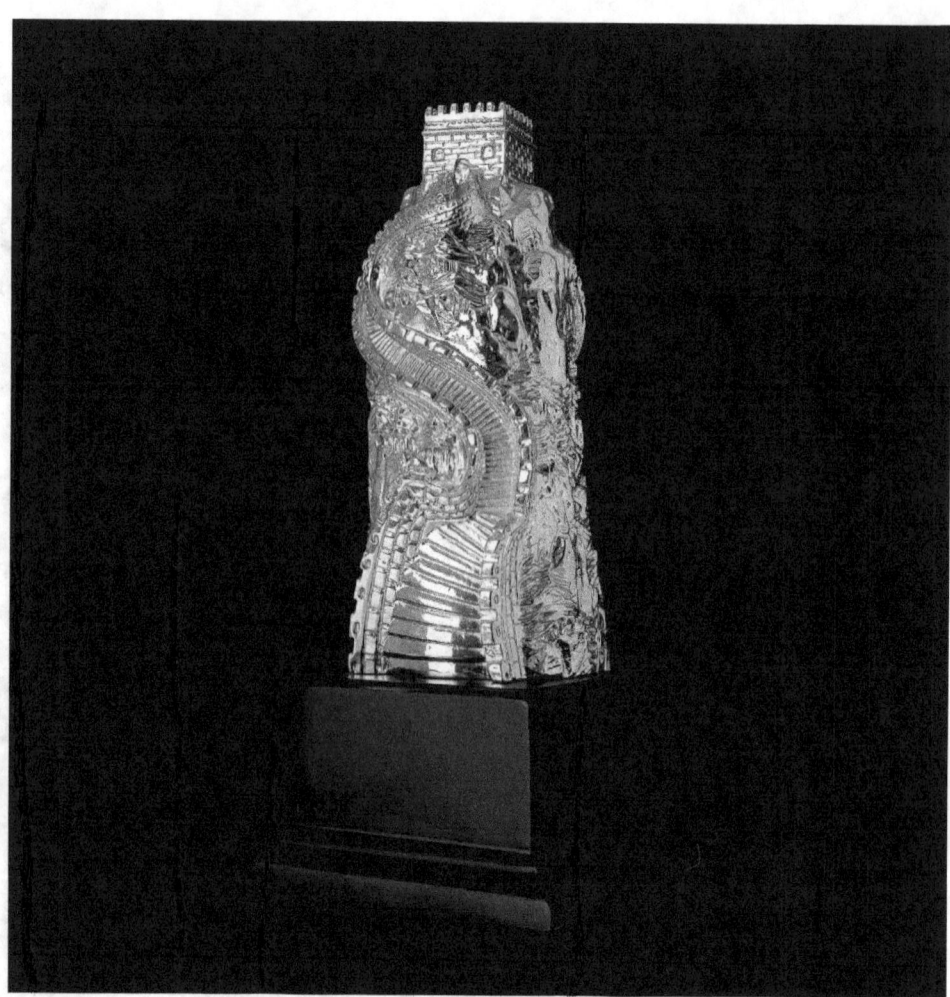

978-1-62265-918-0 (online) 978-1-62265-919-7 (paper)

# 荷叶

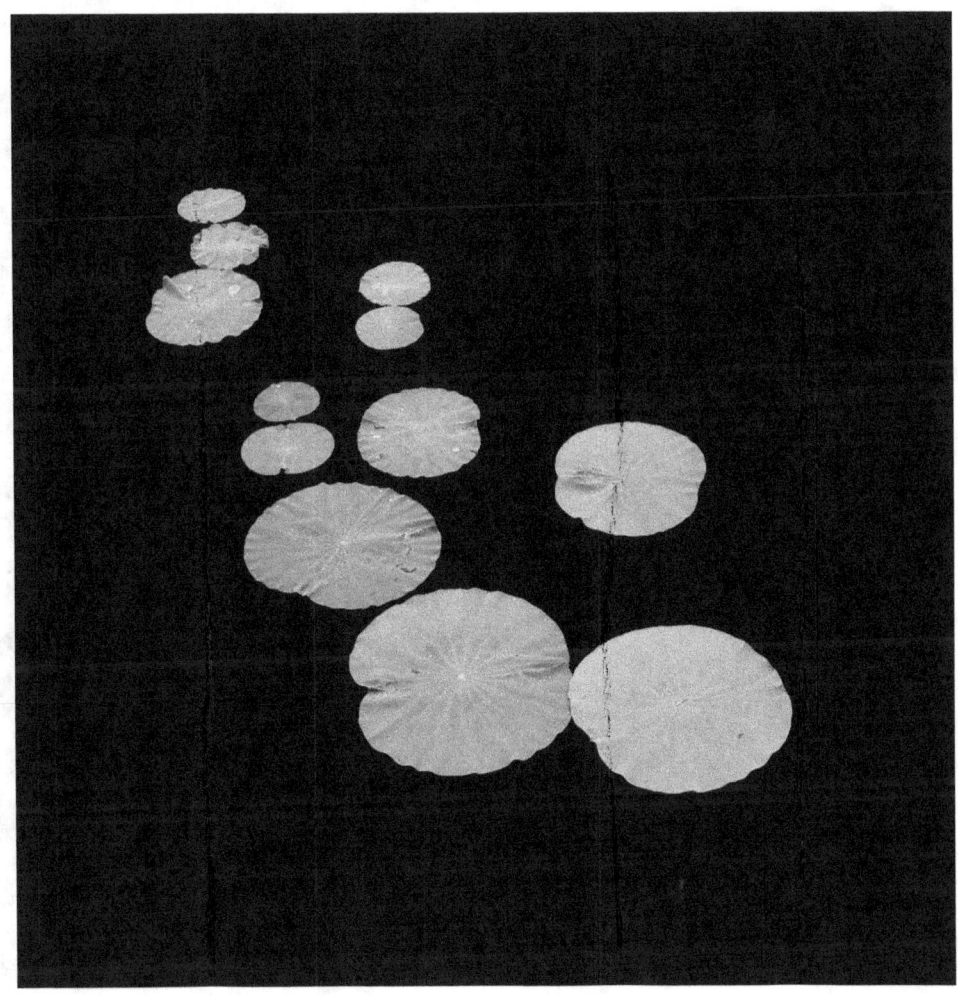

978-1-62265-918-0 (online) 978-1-62265-919-7 (paper)
STILL LIFE by Hongchuan Zhang

# 孩子

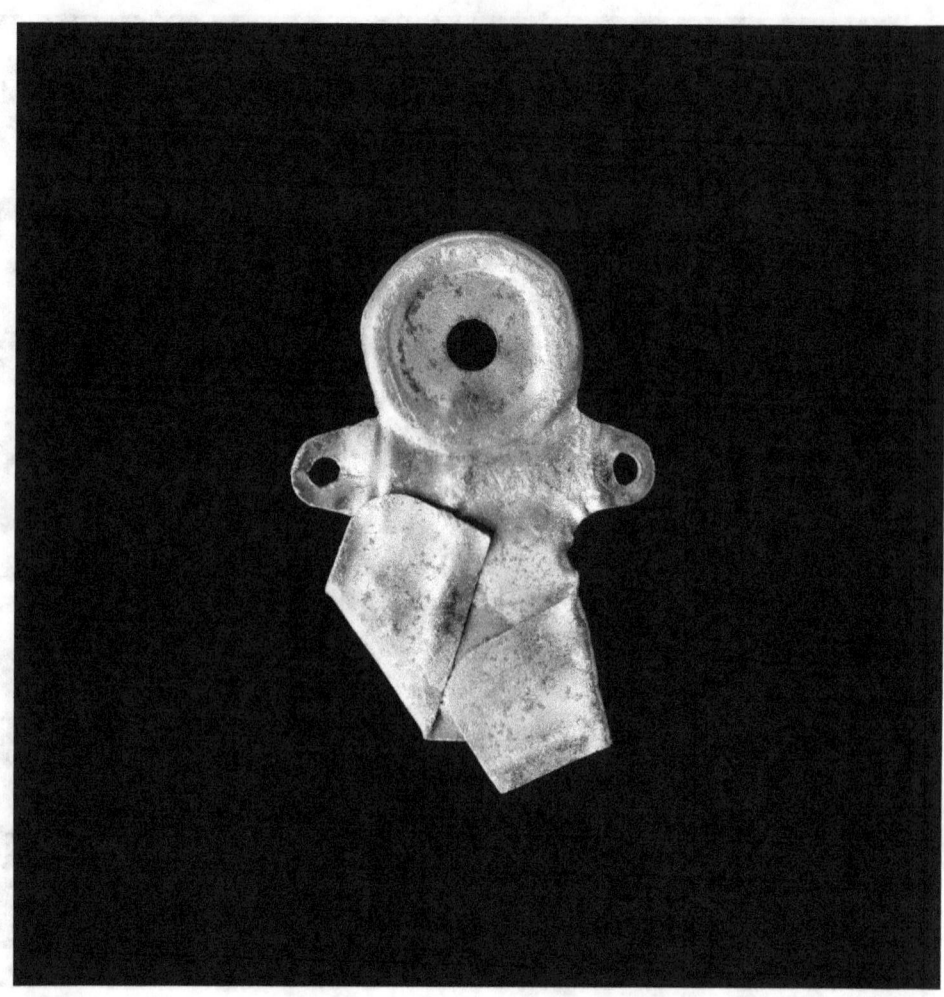

978-1-62265-918-0 (online) 978-1-62265-919-7 (paper)

# 生日快乐

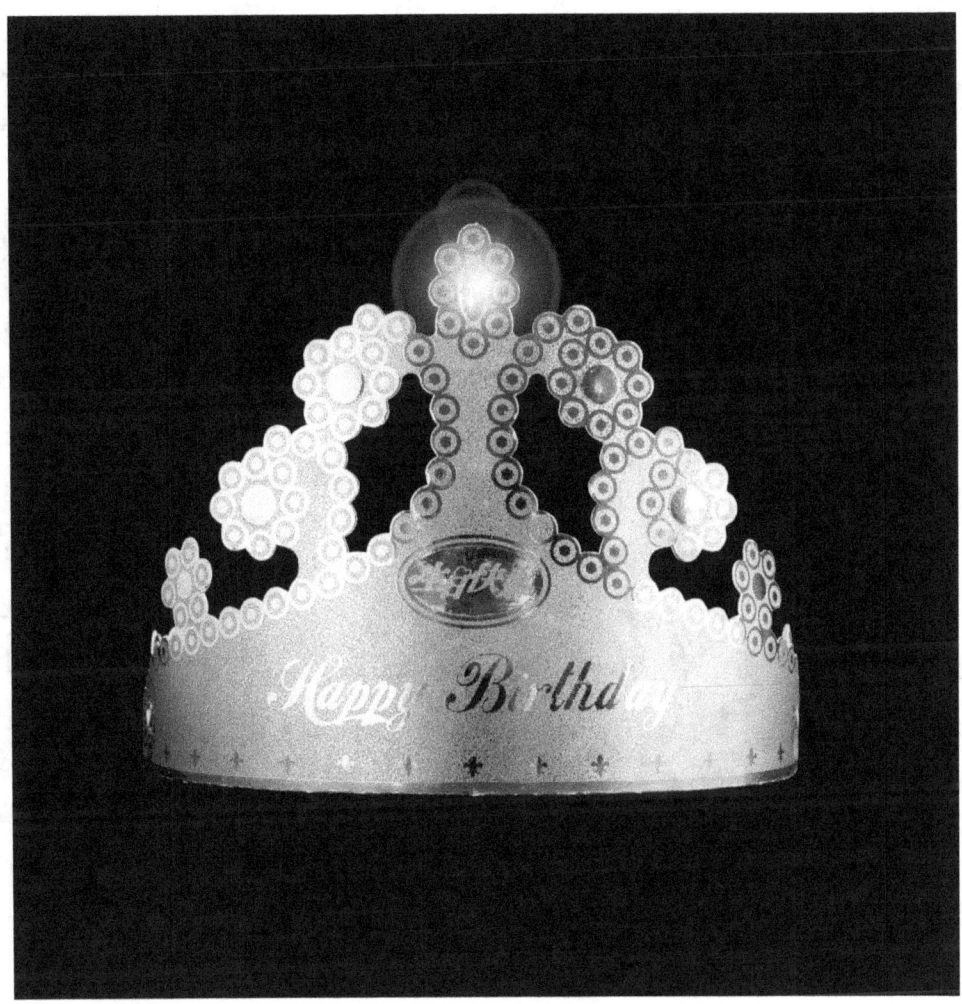

978-1-62265-918-0 (online) 978-1-62265-919-7 (paper)
STILL LIFE by Hongchuan Zhang

# 蜗牛的世界

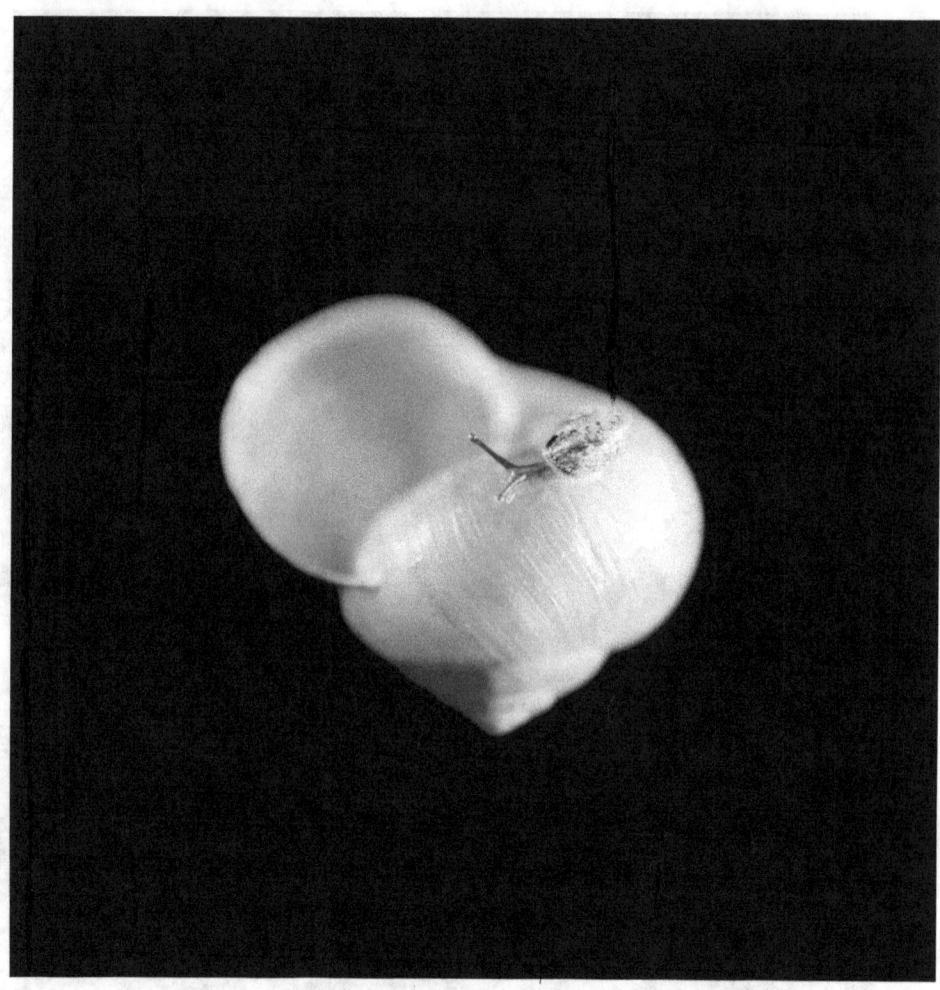

978-1-62265-918-0 (online) 978-1-62265-919-7 (paper)
STILL LIFE by Hongchuan Zhang

# 打火机

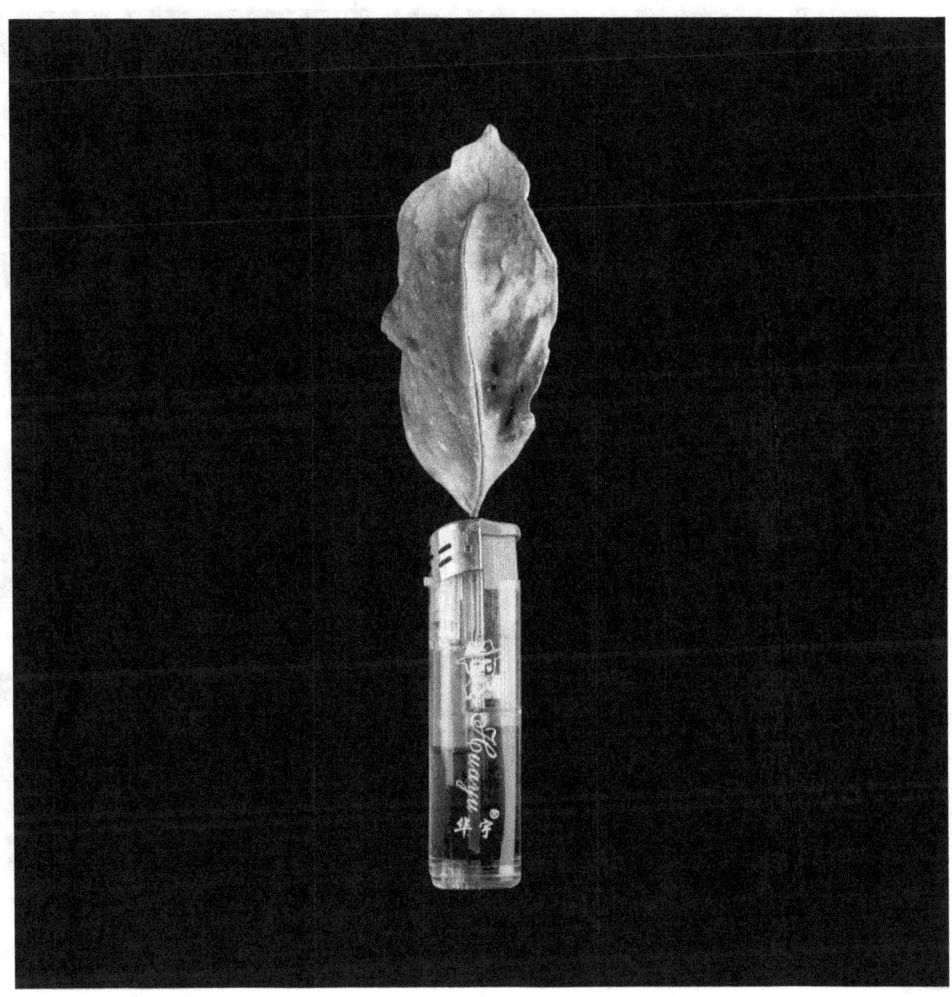

978-1-62265-918-0 (online) 978-1-62265-919-7 (paper)
STILL LIFE by Hongchuan Zhang

# 复印纸

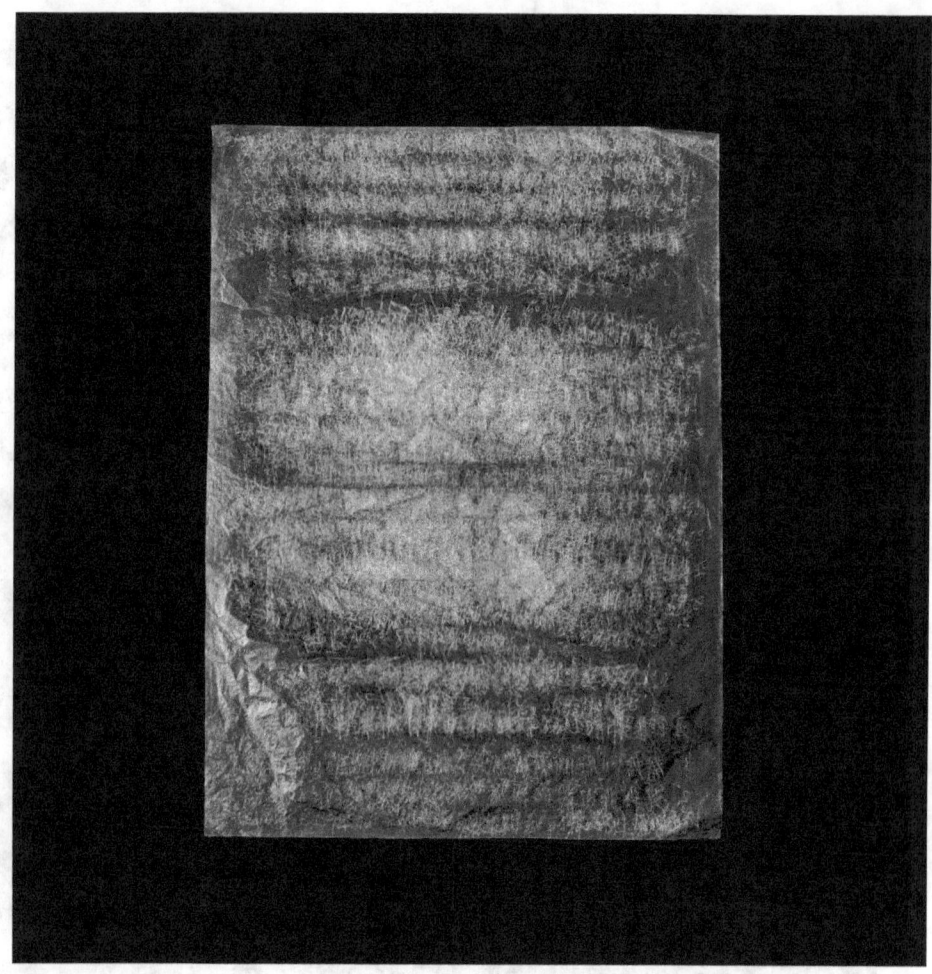

978-1-62265-918-0 (online) 978-1-62265-919-7 (paper)

# 小狗

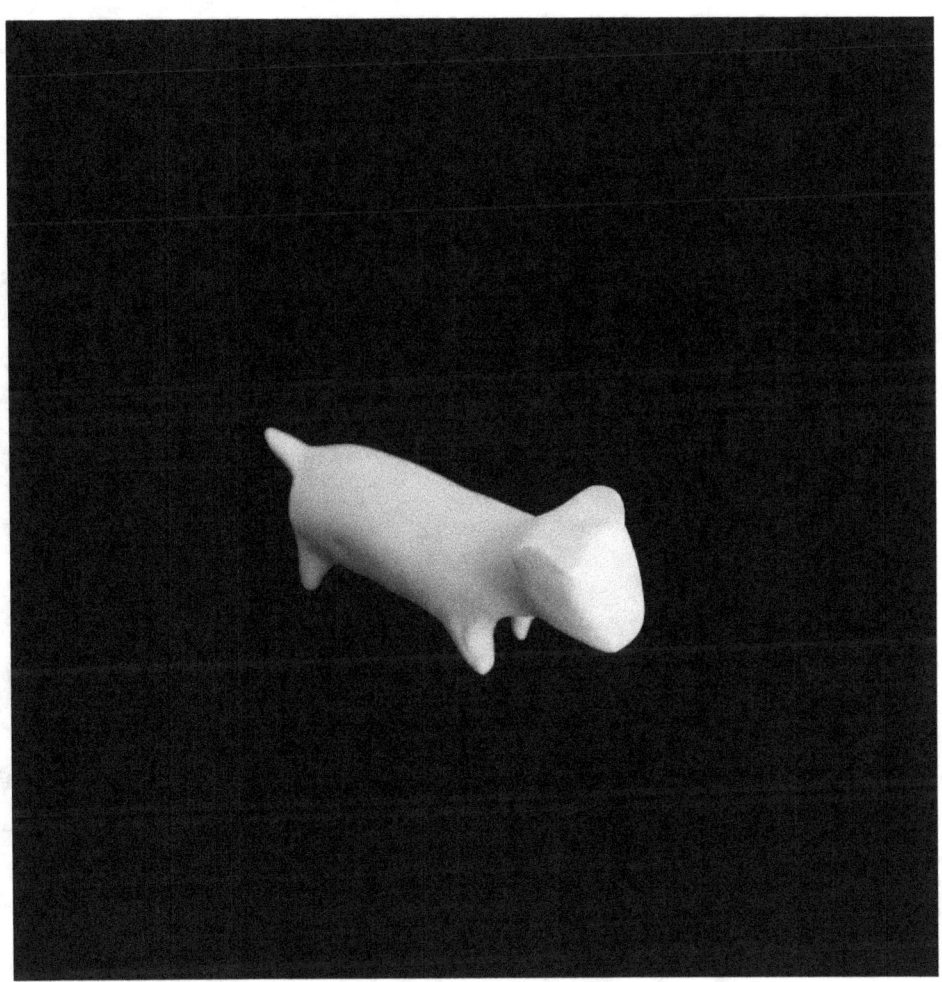

978-1-62265-918-0 (online) 978-1-62265-919-7 (paper)
STILL LIFE by Hongchuan Zhang

# 观音

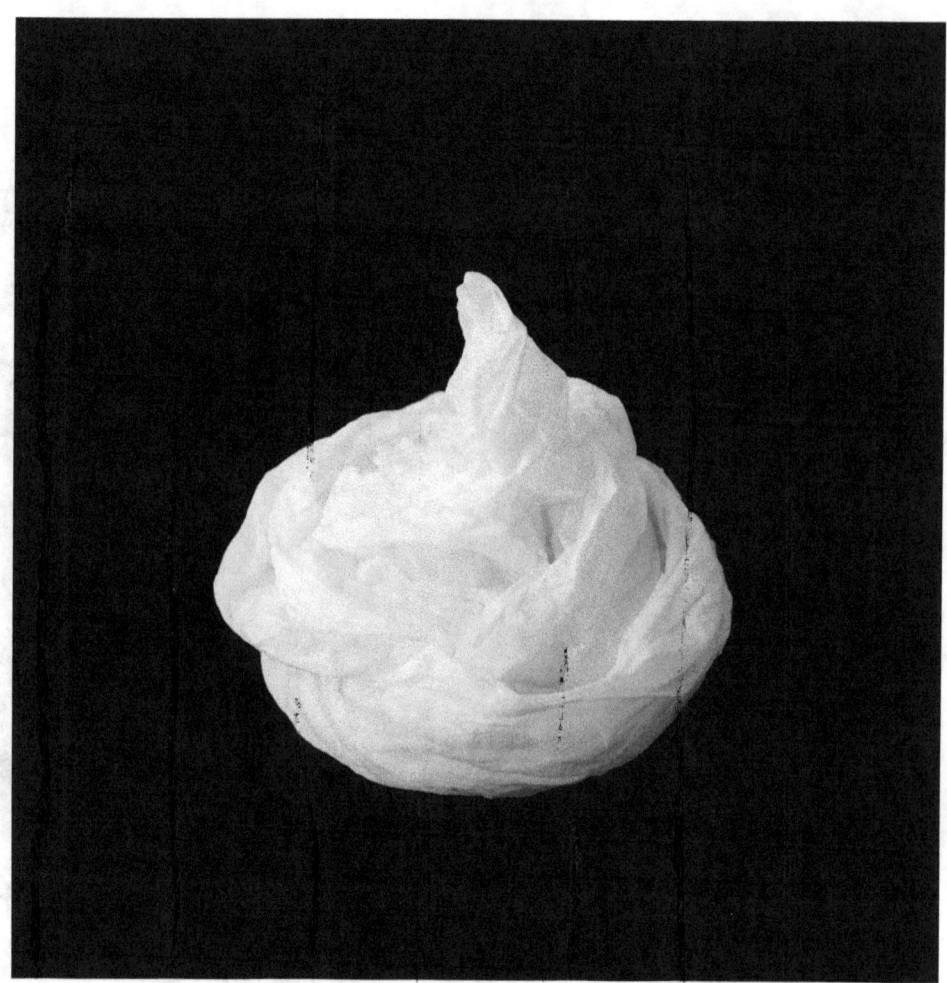

978-1-62265-918-0 (online) 978-1-62265-919-7 (paper)

# 土豆

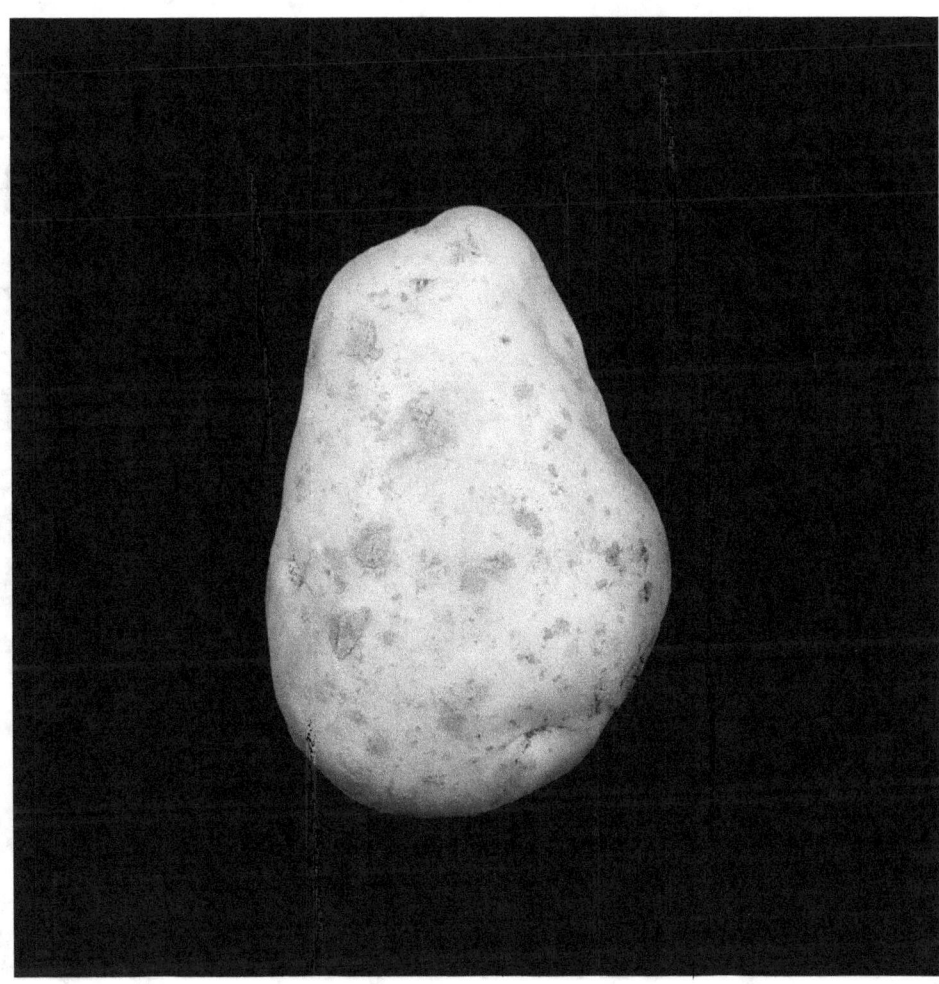

978-1-62265-918-0 (online) 978-1-62265-919-7 (paper)
STILL LIFE by Hongchuan Zhang

# 茶杯

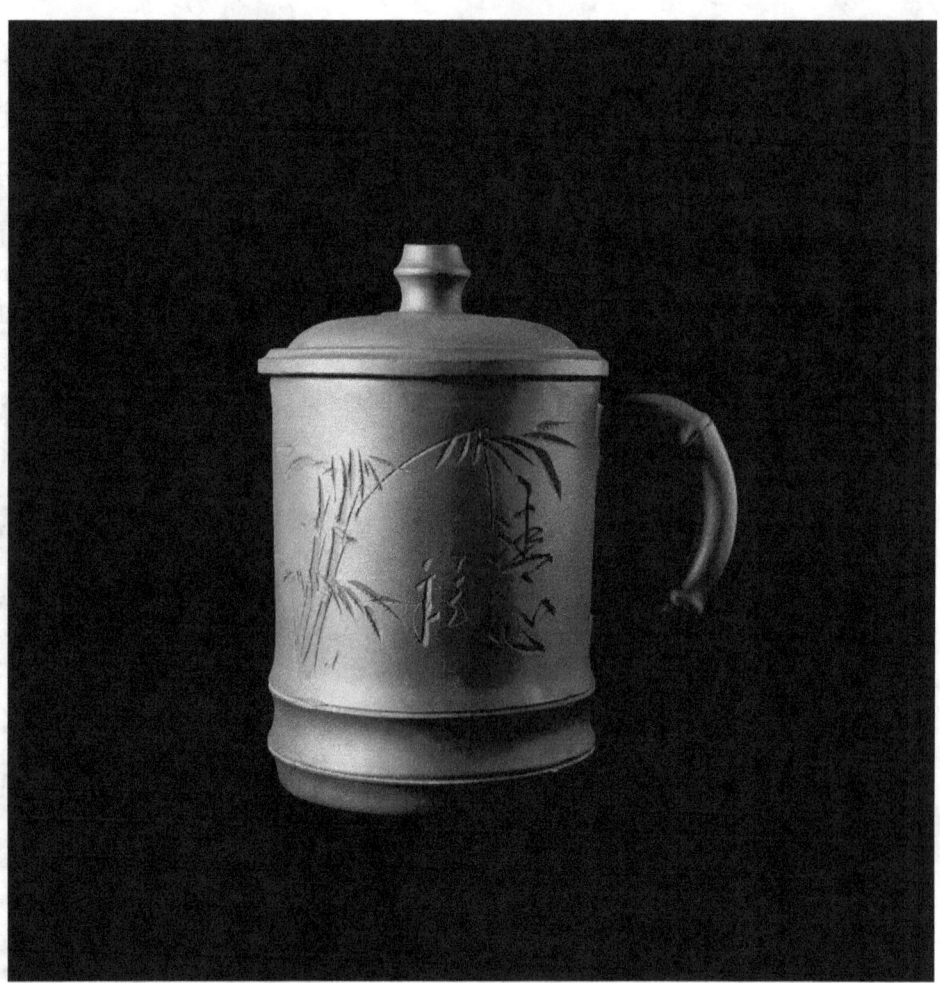

978-1-62265-918-0 (online) 978-1-62265-919-7 (paper)

# 一片树叶

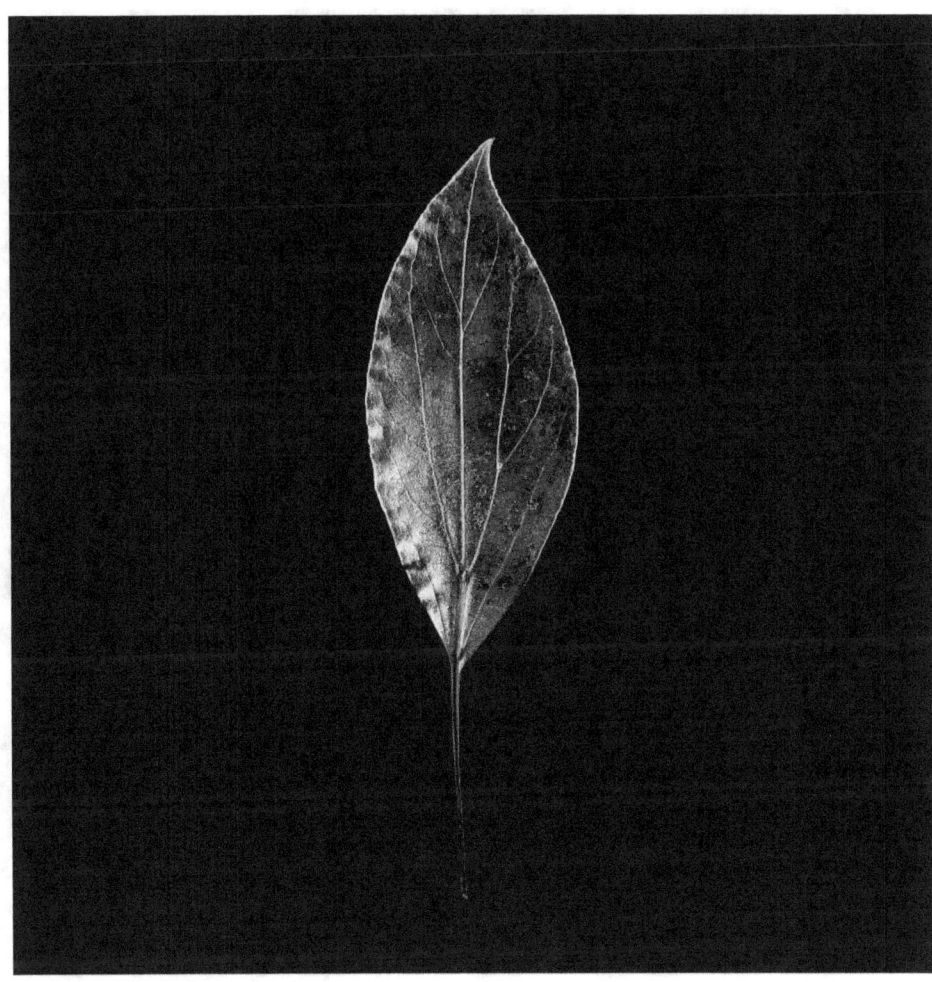

978-1-62265-918-0 (online) 978-1-62265-919-7 (paper)
STILL LIFE by Hongchuan Zhang

## 一本叫故事的书

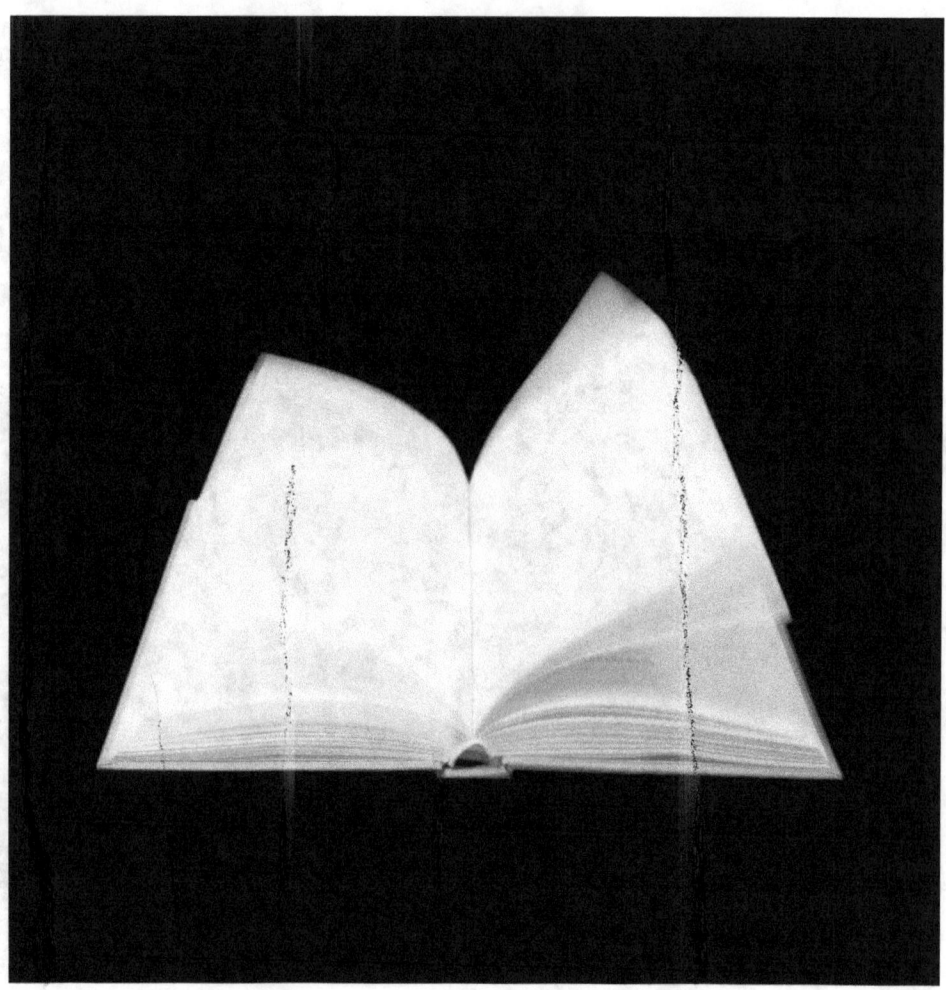

978-1-62265-918-0 (online) 978-1-62265-919-7 (paper)

# 一片羽毛

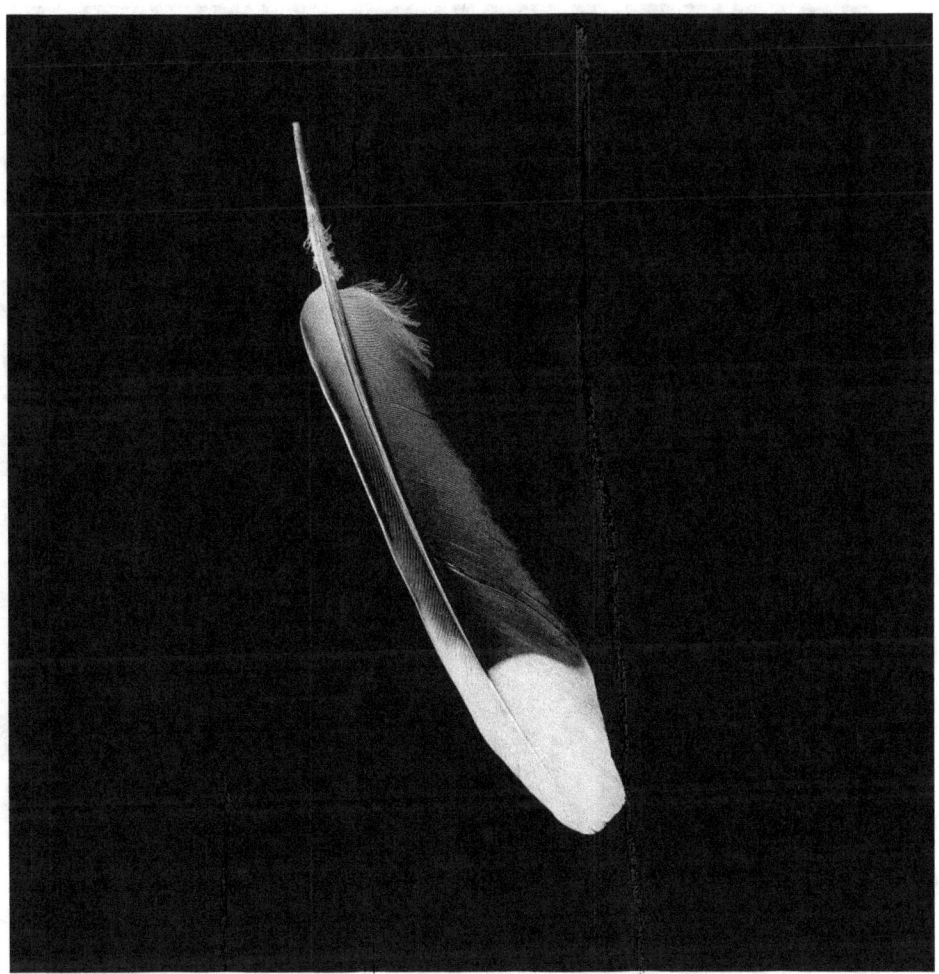

978-1-62265-918-0 (online) 978-1-62265-919-7 (paper)

## 爱情坟墓

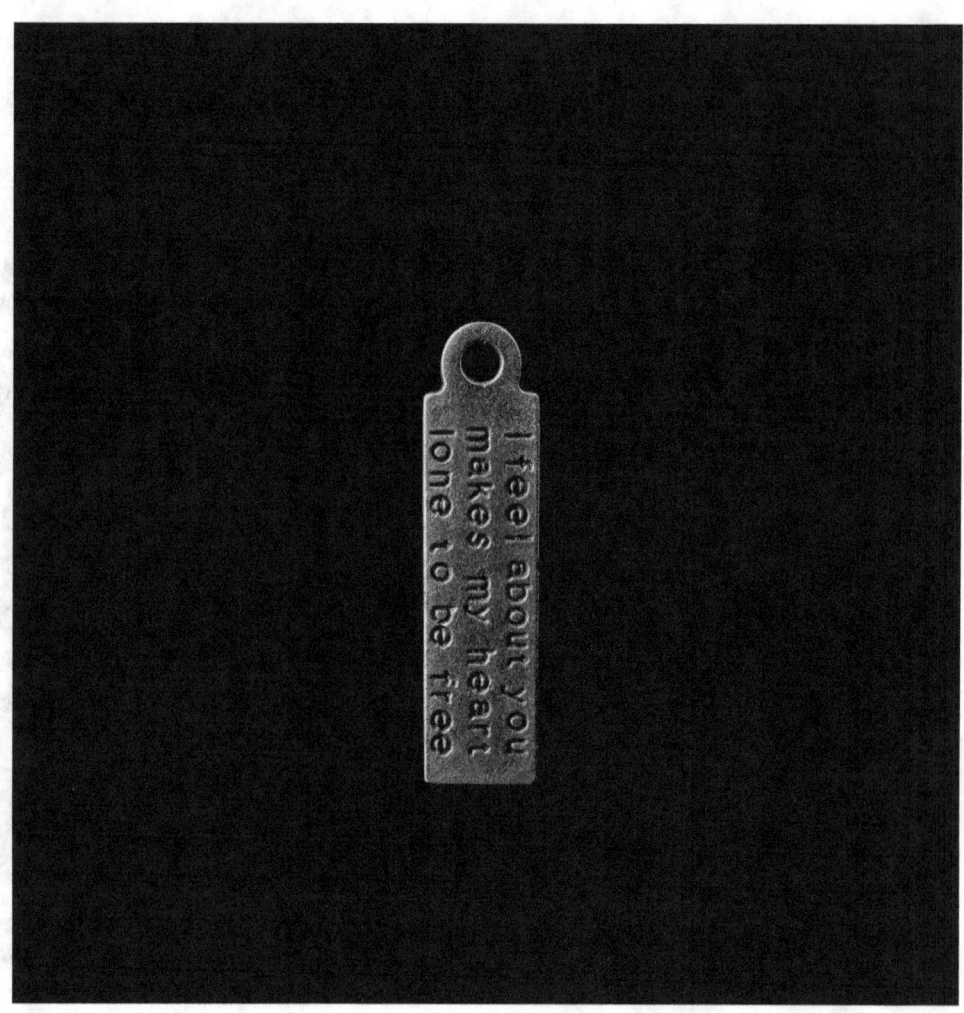

978-1-62265-918-0 (online) 978-1-62265-919-7 (paper)
STILL LIFE by Hongchuan Zhang

# 吻

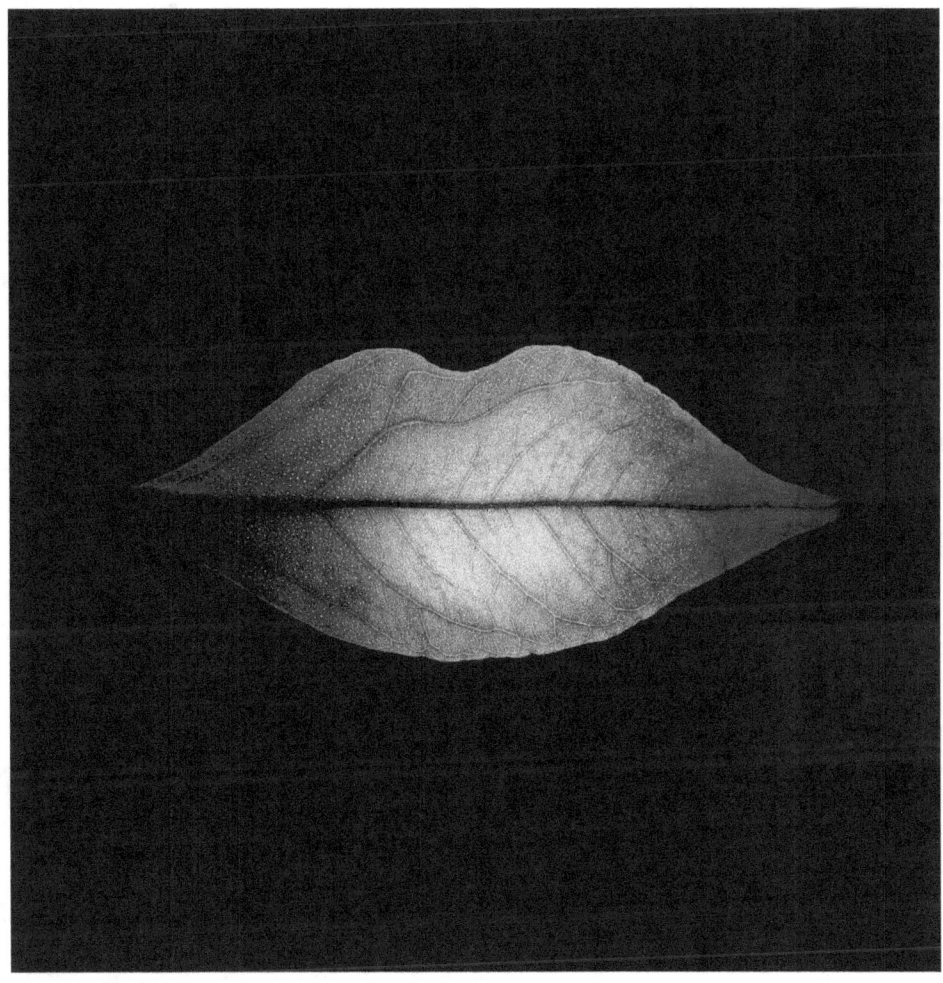

www.ingramcontent.com/pod-product-compliance
Lightning Source LLC
Chambersburg PA
CBHW081227170526
45165CB00009B/2986